Gary Chapman
Ross Campbell

Die 5 Sprachen der Liebe für Kinder

Wie Kinder Liebe ausdrücken und empfangen

Francke

Bibliografische Information
der Deutschen Nationalbibliothek
Die Deutsche Nationalbibliothek
verzeichnet diese Publikation in der
Deutschen Nationalbibliografie; detaillierte
bibliografische Daten sind im Internet über
http://dnb.dnb.de abrufbar.

24. Auflage 2023
ISBN 978-3-86827-437-0

Originaltitel:
The five Love Languages for Children

Published by Moody Press, Chicago, USA

Deutsch von Ingo Rothkirch

Umschlagbilder:
Sunny studio © www.fotolia.de

Umschlaggestaltung:
Francke-Buch GmbH / Sven Gerhardt

Satz:
Francke-Buch GmbH

Druck und Bindung:
Printed in Poland

www.francke-buch.de

Fotos Innenteil:
© www.fotolia.de: Maksim Šmeljov (S. 4), Konstantin Yuganov (S. 9, S. 45, S. 94, S. 106), valiza14 (S. 10), sjhuls (S. 17, S. 211), auremar (S. 18), Sunny studio (S. 23, S. 42, S. 46, S. 62, S. 93), Kaarsten (S. 24, S. 101), inarik (S. 27, S. 182), S.Kobold (S. 29), drubig-photo (S. 31, S. 113, S. 145), ulkas (S. 33), emese73 (S. 36), Sefan Körber (S. 38), Deyan Georgiev (S. 41), contrastwerkstatt (S. 44), detailblick (S. 48, S. 56), chayathon2000 (S. 52), Petro Feketa (S. 54), Tatyana Gladskih (S. 58), Syda Productions (S. 61), BeTa-Artworks (S. 64), tyumentsev (S. 67), altanaka (S. 73, S. 95, S. 128, S. 133, S. 162, S. 217), Edyta Pawlowska (S. 75), Ilike (S. 76, S. 130, S. 176, S. 213), switlana_l (S. 82), Romolo Tavani (S. 83), Monkey Business (S. 86), apops (S. 88), Anna Omelchenko (S. 90), Dmitry Sunagatov (S. 97), savage ultralight (S. 99), doble.d (S. 102), anna (S. 107), Oksana Kuzmina (S. 111, S. 207), tan4ikk (S. 114), prudkov (S. 115), chamillew (S. 120), asife (S. 123), BlueSkyImages (S. 125), zaretskaya (S. 142), WavebreakmediaMicro (S. 147), ia_64 (S. 150), svetamart (S. 154), www.Finanzfoto.de (S. 157), Markus Bormann (S. 160, S. 167), Jürgen Fälchle (S. 164), Nejron Photo (S. 170), Luis Louro (S. 173), lithian (S. 179), Michael Schütze (S. 181), zaretskaya (S. 185), Anja Greiner Adam (S. 186), svetamart (S. 192), sjhuls (S. 195), Halfpoint (S. 197), Svetlana Fedoseeva (S. 204), Alena Ozerova (S. 209), lev dolgachov (S. 221)
© iStockphoto.com: STEEX (S. 14, S. 49), monkeybusinessimages (S. 201)
© shutterstock: MNStudio (S. 199)

Inhaltsverzeichnis

DIE AUTOREN

Gary Chapman lebt mit seiner Frau Karolyn in North Carolina, arbeitet als Seelsorger seiner Gemeinde, hält Ehe-Seminare und ist Autor zahlreicher Bücher. Mit seinem Buch „Die fünf Sprachen der Liebe" hat er einen neuen Schlüssel zur Kommunikation gefunden und ein Millionenpublikum erreicht.

Ross Campbell war Professor für Kinderheilkunde und -psychiatrie an der Universität von Tennessee/USA. Er leitete eine psychiatrische Praxis und ein Beratungszentrum für Erziehungsfragen. Er ist verwitwet und hat vier erwachsene Kinder.

Einführung

VERSTEHEN SIE NOCH, WAS IHRE KINDER SAGEN?

„Das ist ja vielleicht ein Nerd, Mann!“ – „Lass doch bloß den Looser in Ruhe!“ Das sagen unsere Kinder und wir wissen gar nicht genau, was sie damit meinen. Aber auch uns gelingt es längst nicht immer, den Kindern verständlich zu machen, was wir empfinden und denken. Das muss nicht immer schlimme Folgen haben. Schaden wird es aber unserer Beziehung auf jeden Fall, wenn es uns nicht gelingt, den Kindern etwas sehr Entscheidendes zu vermitteln, nämlich dass wir sie lieben. Beherrschen Sie aber die Sprache der Liebe Ihres Kindes?

> **!** Jedes Kind spricht und versteht eine ganz bestimmte „Muttersprache“ der Liebe.

Das sind die Signale, die ihm eindeutig sagen, dass seine Eltern es lieben. Mit diesem Buch sollen Sie in die Lage versetzt werden, die Muttersprache der Liebe Ihres Kindes zu erkennen. Dazu werden Sie alle fünf möglichen Liebessprachen kennenlernen. Damit aus unseren Kindern verantwortungsbewusste Erwachsene werden, müssen sie überzeugt sein, geliebt zu werden. Nur durch die Liebe erfährt ein Kind die Geborgenheit, die es zu einem liebesfähigen Menschen heranwachsen lässt.

Erst wenn Sie alle fünf Liebessprachen kennen, werden Sie in der Lage sein, genau die Sprache Ihrem Kind zuzuordnen, durch die es Ihre Liebe am eindeutigsten vermittelt bekommt. Lesen Sie deshalb auf jeden Fall alle fünf Kapitel durch, in denen die Sprachen behandelt werden. Denn Ihr Kind wird davon profitieren, dass Sie die ganze Bandbreite möglicher Liebessprachen kennen und anwenden können.

Wir sind davon überzeugt, dass eine dieser Sprachen Ihre Liebe bestmöglich vermittelt. Die Kenntnis aller anderen ist auch von Nutzen, weil wir im Laufe unseres Lebens neue Liebessprachen hinzulernen und anwenden. Am wichtigsten aber ist und bleibt, dass Sie die Muttersprache der Liebe Ihres Kindes kennenlernen.

Verschiedentlich werden wir in diesem Buch darauf hinweisen, dass im Umgang mit Ihrem Kind die Liebe das Allerwichtigste ist, denn das große Ziel all Ihrer Erziehungsmaßnahmen ist es, Ihrem Kind zu ermöglichen, als Erwachsener eine gereifte Persönlichkeit zu werden. Dazu muss jede dieser Maßnahmen die Liebe zum Fundament haben. Auf jeden Fall ist es leichter, ein aggressives und schlecht gelauntes Kind positiv zu stimmen, wenn es sich der elterlichen Liebe gewiss sein kann. Ein solches Kind wird viel eher bereit sein, auf Ihre Bemühungen einzugehen, weil es spürt, dass Ihre Liebe echt und verlässlich ist. Nur wenigen Eltern ist bewusst, dass es zu ihren Erziehungsaufgaben gehört, den Kindern beizubringen, wie man die eigenen Stimmungen sozialverträglich beherrscht. In Kapitel 9 werden wir uns näher mit diesem Thema befassen. Die entscheidende Voraussetzung für den Erfolg ist aber auch hier die Liebe. Es ist aufschlussreich zu beobachten, dass Eltern, denen es gelingt, ihren Kindern Selbstbeherrschung beizubringen, oft die innigsten Beziehungen zu ihrem Nachwuchs haben.

Das vorliegende Buch befasst sich mit der Liebe zu Ihren Kindern und ist deshalb auch ein Erziehungsbuch. Wenn Sie es gründlich durcharbeiten, werden Sie so manchen Hinweis finden, wie Ihr Familienleben stabiler und die Atmosphäre bei Ihnen zu Hause freundlicher wird. Wenn wir uns z. B. in Kapitel 8 mit der Strafe als Erziehungsmaßnahme befassen, werden Sie zwei Schlüsselwörter kennenlernen: „freundlich" und „konsequent". Diese beiden Wörter sollten Sie beherzigen, wenn Sie mit Ihren Kindern zusammen sind.

!

Liebevolle Konsequenz bedeutet, uns auf ein gut geknüpftes Sicherheitsnetz verlassen zu können.

EIN PERSÖNLICHES WORT VON GARY CHAPMAN

Das Buch *Die fünf Sprachen der Liebe* erschien bereits in mehreren Ländern. Der Erfolg hat Mut gemacht. Viele Paare haben dieses Buch gelesen und die darin beschriebenen Erkenntnisse in die Tat umgesetzt. Meine Ordner sind gefüllt mit Dankesbriefen aus aller Welt, in denen die Menschen mir schreiben, wie sehr die Kenntnis der Liebessprachen ihre Ehe verändert hat. Viele berichten, dass sich das emotionale Klima in der Ehe grundlegend verbessert hat, seit sie die persönliche Sprache der Liebe ihres Partners gelernt haben. Und so mancher Leser verdankt nach eigenem Bekunden die Rettung seiner Ehe diesem Buch.

Bei den Eheseminaren, die ich auch weiterhin durchführe, wurde mir eine Frage sehr häufig gestellt: „Wann schreiben Sie ein Buch über die fünf Sprachen der Liebe für Kinder?" Da ich ein Fachmann für Eheseelsorge geworden bin, war ich lange Zeit nicht bereit, über Kinder zu schreiben, obwohl mir bekannt war, dass viele Eltern die Idee von den Liebessprachen bereits im Umgang mit ihren Kindern anwenden.

Als auch mein Verleger die Herausgabe eines solchen Buches anregte, bat ich meinen langjährigen Freund Ross Campbell, das Buch mit mir zusammen zu schreiben. Ich war hoch erfreut, als er mir zusagte. Er arbeitet schon dreißig Jahre in der Kinder- und Jugendpsychiatrie. Und ich bin ein Bewunderer seiner qualifizierten Arbeit. Ich habe von seinen Büchern profitiert und bin glücklich über unsere langjährigen persönlichen Kontakte.

EIN PERSÖNLICHES WORT VON ROSS CAMPBELL

Mehr als zwanzig Jahre haben Gary Chapman und ich über die Liebe geschrieben und referiert. Gary Chapman hat sehr vielen Paaren geholfen, einen tieferen Sinn in ihrer Beziehung zu finden, während ich für Eltern geschrieben und Seminare veranstaltet habe, die sich vor die wunderbare und lohnenswerte, aber auch sehr schwierige und heikle Aufgabe gestellt sahen, ihre Kinder richtig zu erziehen. Ich kenne Gary Chapman nun schon fast zwei Jahrzehnte, aber es war mir nicht bewusst, dass sich unsere Botschaften so sehr decken. Gestoßen bin ich darauf erst, als ich *Die fünf Sprachen der Liebe* las. Die Parallelen zu meinen Büchern *Kinder sind wie ein Spiegel* und *Teenager brauchen mehr Liebe* (alle bei Francke-Buch erschienen) waren überraschend und beeindruckend.

Faszinierend an Gary Chapmans Buch fand ich den Gedanken, dass jeder von uns eine Muttersprache der Liebe spricht. Wenn wir herausbekommen, welche besondere Sprache der Liebe unser Partner spricht und welche wir selber sprechen, dann kann diese wertvolle Erkenntnis unsere Ehe glücklicher und befriedigender machen. Dieser Grundgedanke ist ohne Weiteres auch auf die Beziehung zu unseren Kindern zu übertragen, denn auch jedes Kind hat seine ganz persönliche Art, Liebe zu zeigen und anzunehmen. Deshalb lag der Gedanke nahe, unsere gemeinsamen Erfahrungen zusammenzutragen; und das Ergebnis ist das vorliegende Buch.

Ich bin dankbar für das Vorrecht, mit Gary Chapman an diesem so wichtigen Buch gearbeitet zu haben, und fest davon überzeugt, dass es Eltern und allen, denen das Wohl von Kindern am Herzen liegt, helfen wird, deren Grundbedürfnisse zu stillen. Begleiten Sie uns auf die Reise, wenn wir die fünf Sprachen der Liebe unserer Kinder erforschen.

1 | Die Liebe ist das Fundament für alles

Dennis und Brenda hatten keine Vorstellung, was mit Ben, ihrem Achtjährigen, nicht stimmte. Bis vor Kurzem war er ein durchschnittlicher Schüler gewesen. Er machte seine Hausaufgaben noch immer ganz ordentlich, aber seine Leistungen in der Schule ließen immer mehr zu wünschen übrig. Wenn die Lehrerin den Schülern etwas auszuarbeiten gab, erschien er bald darauf bei ihr, um sich die Aufgabe noch einmal erklären zu lassen. Immer wieder kam er zu ihr nach vorn und bat um weitere Erklärungen. Konnte er vielleicht schlecht hören? Oder begriff er einfach nicht, was man von ihm wollte? Dennis und Brenda gingen mit Ben zum Hörtest und ließen auch einen Intelligenztest von einem Therapeuten machen. Ben hatte keine Hörprobleme und er verfügte über die normale Intelligenz eines Drittklässlers.

Es gab noch andere Dinge, die ihnen bei ihrem Sohn Kopfzerbrechen bereiteten. Bens soziales Verhalten war zuweilen auffällig. In regelmäßigen Abständen frühstückten die Schüler der dritten Klasse gemeinsam mit ihrer Lehrerin. Dabei kam es vor, dass Ben Mitschüler beiseiteschubste, nur um neben ihr sitzen zu können. In der Pause ließ Ben seine Schulkameraden stehen, sobald die Lehrerin auf dem Schulhof auftauchte. Er lief dann zu ihr hin und stellte banale Fragen, nur um einen Vorwand zu haben, sich von den anderen entfernen zu können. Wenn die Lehrerin in der Pause bei einem Spiel mitmachte, tat Ben alles, um ihre Hand zu ergreifen und festzuhalten.

Seine Eltern hatten schon dreimal mit der Lehrerin gesprochen, doch auch sie konnte nicht erkennen, wo das Problem bei Ben lag. In der ersten und zweiten Klasse war Ben ein aufgeweckter Schüler gewesen, der keine Kontaktschwierigkeiten hatte. Doch dann klammerte sich Ben ganz plötzlich an seine Lehrerin und niemand wusste, warum. Er stritt sich auch viel häufiger mit seiner älteren Schwester. Dennis und Brenda gingen allerdings zunächst davon aus, dass dies eine typische Entwicklungsphase sei, die er bald wieder hinter sich lassen würde.

Als das Paar zu einem meiner Eheseminare kam und mir von Ben erzählte, waren sie sehr besorgt, weil sie befürchteten, es mit einem zunehmend aufsässigen Kind zu tun zu haben.

Ich erkundigte mich bei den Eltern, ob sich in diesem Jahr ganz allgemein im Familienleben etwas geändert habe. Dennis erzählte, dass er nach wie vor als Handelsvertreter unterwegs sei. Zweimal in der Woche habe er bis in den späten Abend geschäftliche Verabredungen, doch die restlichen Tage der Woche sei er ab sechs oder halb sieben immer zu Hause. Dann erledige er noch etwas „Papierkram" und sehe ein wenig fern. An den Wochenenden sei er früher gern zum Fußball gegangen und habe Ben oft mitgenommen. Nur seit letztem Jahr sei ihm das zu stressig gewesen. Er schaue sich die Spiele lieber am Fernseher an.

„Und wie sieht es bei Brenda aus?", fragte ich. „Hat sich bei Ihnen in letzter Zeit etwas verändert?"

„Doch, ja", antwortete sie. „Als Ben in den Kindergarten ging, habe ich halbtags gearbeitet. Doch jetzt arbeite ich wieder ganztags und komme deswegen später nach Hause. Der Opa holt Ben von der Schule ab. Und er bleibt dann eineinhalb Stunden bei den Großeltern, bis ich ihn von dort abhole. An den Abenden, wenn Dennis unterwegs ist, besuche ich gewöhnlich mit Ben Freunde. Wir kommen dann meistens erst nach dem Abendessen heim."

PRAXISBEISPIEL

Ich ahnte allmählich, was in Ben vorging, und machte deshalb einen Vorschlag: „Wenn ich jetzt gleich weiter über die Ehe rede, sollten Sie überlegen, ob die Prinzipien, die ich ansprechen werde, auch für Ihre Beziehung zu Ben gelten könnten. Danach werde ich Sie fragen, zu welchen Erkenntnissen Sie gekommen sind." Sie schienen ein wenig verblüfft zu sein, weil ich unser Gespräch abbrach, ohne auch nur irgendeine Vermutung oder einen konkreten Vorschlag geäußert zu haben. Aber dann waren sie doch einverstanden.

Als danach die meisten Seminarteilnehmer den Saal verließen, eilten Dennis und Brenda zu mir; und an ihren Gesichtern konnte ich ablesen, dass sie tatsächlich zu neuen Erkenntnissen gelangt waren. Brenda berichtete:

„Dr. Chapman, ich glaube, wir haben ein paar Einsichten gewonnen, was mit Ben los sein könnte. Als Sie die fünf Sprachen der Liebe erörterten, wurde uns bewusst, dass Bens Muttersprache der Liebe Beisammensein und Zuwendung ist – die Zeit, die man ganz bewusst mit ihm verbringt. Wir haben überlegt, wie das in den letzten vier oder fünf Monaten war. Und da ist uns aufgefallen, dass wir uns seltener als früher ganz intensiv mit Ben beschäftigt haben.

Als ich noch halbtags arbeitete, habe ich Ben jeden Tag von der Schule abgeholt. Und dann haben wir meistens etwas gemeinsam unternommen. Wir haben Besorgungen gemacht, haben an der Würstchenbude etwas gegessen oder sind noch etwas spazieren gegangen. Wenn wir dann nach Hause kamen, hat Ben seine Hausaufgaben gemacht. Nach dem Mittagessen haben wir Spiele gemacht, vor allem wenn Dennis nicht daheim war. Das hat sich alles geändert, seit ich wieder ganztags berufstätig bin. Mir ist bewusst geworden, dass ich wesentlich weniger Zeit mit Ben verbringe."

Ich schaute Dennis an und er berichtete: „Mir ist aufgefallen, dass ich früher mit Ben zum Fußballplatz gegangen bin. Als ich damit aufhörte, habe ich ihm für diese Zweisamkeit zwischen Vater und Sohn keinen Ersatz angeboten. Ben und ich sind in den letzten paar Monaten sehr selten zusammen gewesen."

„Ich glaube, Sie haben tatsächlich eine wichtige Erkenntnis über Bens seelischen Nöte gewonnen. Wenn Sie seinem Verlangen nach Liebe etwas mehr entgegenkommen, wird sich sein Verhalten bestimmt wieder ändern." Ich gab ihnen dann ein paar Tipps, was sie tun könnten, um durch ganz bewusst gemeinsam verbrachte Zeit Ben ihre Liebe zu zeigen. Dennis sollte seinen Terminkalender durchforsten und Brenda sollte sich überlegen, ob sie nicht doch wieder mehr mit Ben unternehmen könnte, so wie sie es früher getan hatte. Die beiden wirkten sehr entschlossen, all das in die Tat umzusetzen.

Wir verabschiedeten uns. Einen Brief habe ich niemals von den beiden erhalten. Und ehrlich gesagt, ich hatte unsere Begegnung auch bald vergessen. Aber zwei Jahre später kam ich wieder nach Wisconsin, um dort Seminare zu halten. Und da waren auch wieder Dennis und Brenda. Sogleich erinnerte ich mich an unser Gespräch. Sie waren bester Laune und stellten mir Freunde vor, die sie zum Seminar mitgebracht hatten.

„Wie geht es Ben?", erkundigte ich mich.

Beide lächelten und Dennis berichtete: „Ben geht es großartig. Wir wollten Ihnen ja immer schreiben, aber irgendetwas kam dann immer dazwischen. Wir sind damals nach Hause gefahren und haben getan, was Sie uns geraten hatten: In den folgenden Monaten haben wir uns ganz intensiv mit Ben beschäftigt. Und schon nach ein paar Wochen konnten wir beobachten, dass sich Bens Verhalten in der Schule grundlegend veränderte. Die Lehrerin bat uns sogar noch einmal zum Gespräch. Uns war zuerst ein bisschen bange. Doch diesmal wollte sie nur wissen, welche Ursache Bens Verhaltensänderung haben konnte."

Die Lehrerin erzählte dann, dass sich Bens negatives Sozialverhalten völlig gegeben hatte: Er drängelte sich nicht mehr neben sie beim Frühstück. Und er kam nicht mehr nach vorn, um eine Frage nach der anderen zu stellen. Brenda konnte ihr eine Erklärung dafür geben: Sie beherrschten jetzt Bens ganz persönliche Sprache der Liebe. Und sie erzählten der Lehrerin, dass sie am Anfang sogar mit einer Überdosis „Zuwendung" angefangen hätten.

Diese Eltern hatten es gelernt, die Liebessprache ihres Sohnes zu sprechen.

> „Ich liebe dich" klang nun so, dass Ben es auch wirklich erleben konnte.

Bens Geschichte hat mir Mut gemacht, dieses Buch zu schreiben. In meinem ersten Buch über die Sprachen der Liebe haben wir uns gefragt, wie Ehepartner einander verständlich machen können, dass sie sich wirklich lieben. Bereits hier hatte ich ein Kapitel eingefügt, das sich mit den Liebessprachen der Kinder beschäftigt. Jetzt aber wollen Ross Campbell und ich noch ausführlicher darüber schreiben, wie mit Hilfe der fünf Liebessprachen auch Ihr Kind sich angenommen und geliebt fühlt.

Wenn Sie die Muttersprache der Liebe Ihres Kindes sprechen, so bedeutet das übrigens nicht, dass es sich nie wieder aufsässig und ungehorsam zeigen wird, aber es wird die Sicherheit bekommen, von Ihnen geliebt zu sein; und das bedeutet Geborgenheit und Zuversicht. Es wird Ihnen dann leichter fallen, Ihrem

Kind zur Seite zu stehen, bis es als Erwachsener Verantwortung für sein eigenes Leben übernehmen kann. Die Liebe ist das Fundament für alles.

Bei der Kindererziehung hängt vieles von der Liebesbeziehung zwischen Eltern und Kind ab. Nichts wird richtig gelingen, wenn das Verlangen des Kindes nach Liebe nicht gestillt wird.

Nur das Kind, das sich geliebt und umsorgt fühlt, wird sich positiv entwickeln.

Wahrscheinlich lieben Sie Ihr Kind, doch wenn Sie nicht die Liebessprache sprechen, die ihm diese Tatsache unzweideutig vermittelt, wird es sich nicht geliebt fühlen.

WIR FÜLLEN DEN LIEBESTANK

Indem Sie die persönliche Liebessprache Ihres Kindes sprechen, füllen Sie seinen Tank der Gefühle mit Liebe. Wenn Ihr Kind sich geliebt fühlt, lässt es sich viel leichter erziehen. Und es lernt auch schneller, wenn die Tankanzeige nicht ständig auf „Reserve“ zeigt.

> Jedes Kind hat seinen Liebestank. Aus dem bezieht es die Energie, die es für die Herausforderungen seiner Kindheit und Jugend braucht.

Unsere Autos fahren ja auch nicht mit leerem Tank. Wir müssen also dafür sorgen, dass bei unseren Kindern regelmäßig „nachgetankt“ wird, damit sie sich optimal entfalten können.

Womit aber füllen wir diesen Tank? Mit Liebe natürlich! Doch wir müssen sie individuell verabreichen, weil jedes Kind seine persönliche Variante braucht, um gedeihen zu können.

Der Gefühlstank unserer Kinder muss vor allem mit *bedingungsloser* Liebe gefüllt werden, denn wahre Liebe ist immer bedingungslos. Nur durch sie fühlt sich unser Kind so angenommen, wie es ist. Was immer es anstellen wird – Sie werden es dennoch lieben. Tatsächlich aber sieht es leider oft anders aus: Eltern knüpfen ihre Liebe an Bedingungen. Sie wird nur gewährt, wenn das Kind sich erwartungsgemäß verhält. Bedingte Liebe hängt vom Wohlverhalten ab. Sie ist ein Lohn, eine großzügig gewährte Gabe, ein Privileg für artige Kinder.

Natürlich müssen wir unsere Kinder erziehen und, wenn nötig, bestrafen, aber erst dann, wenn ihr Liebestank gefüllt ist! Und dieser Tank braucht „Superbenzin“: Liebe ohne Bedingungen. Nur diese Liebe bewahrt uns vor negativen Erscheinungen wie Groll, Schuldgefühlen, Angst, Verunsicherungen und dem Gefühl, ungeliebt zu sein.

Hanna wuchs in einem bescheidenen Elternhaus auf, in dem das Geld immer knapp war. Ihr Vater war ein kleiner Angestellter, der es nicht weit zur Arbeit hatte. Die Mutter war Hausfrau und verdiente durch eine kleine Nebenbeschäftigung etwas hinzu. Die Eltern waren fleißige Leute, die stolz auf ihr Häuschen und ihr beschauliches Familienleben waren. Hannas Vater kochte das Abendessen, und er und Hanna kümmerten sich danach noch um den Abwasch. Am Samstag wurde das Haus geputzt und aufgeräumt. Und am Abend genehmigte man sich Hotdogs und Hamburger im Schnellrestaurant. Am Sonntagmorgen ging die Familie in die Kirche und am Nachmittag verabredete man sich mit Verwandten und Freunden.

Als Hanna und ihr Bruder noch kleiner waren, lasen ihnen die Eltern fast täglich etwas vor. Nun, da sie zur Schule gehen, unterstützen Mutter und Vater sie, wo es geht. Sie möchten, dass beide Kinder aufs Gymnasium gehen – vielleicht weil sie selber niemals die Gelegenheit dazu hatten.

Im Gymnasium war Stephanie die beste Freundin von Hanna. Die beiden hatten die meisten Schulstunden zusammen und sie trafen sich auch in den Pausen. Doch sie besuchten sich niemals zu Hause. Hätten sie es getan, wären ihnen die Unterschiede sogleich aufgefallen. Stephanies Vater war ein erfolgreicher Geschäftsmann, dem es leichtfiel, seine Familie finanziell großzügig zu versorgen. Dafür war er aber kaum zu Hause. Stephanies Mutter arbeitete als Krankenschwester. Und ihr Bruder lebte nicht zu Hause, weil er ein Internat besuchte. Auch Stephanie hatte zunächst drei Jahre lang auf diesem Internat verbracht, bis sie inständig darum gebeten hatte, eine öffentliche Schule am Ort besuchen zu dürfen. Da der Vater so selten zu Hause war und die Mutter ebenfalls arbeitete, aß man oft nicht zu Hause, sondern ging ins Restaurant.

Hanna und Stephanie waren bis zur neunten Klasse gute Freundinnen. Dann verließ Stephanie die Schule, um die Aufbaustufe fürs College zu besuchen. Sie wohnte von da an bei ihren Großeltern. Im ersten Jahr der Trennung schrieben sich beide noch oft. Doch dann hatte Stephanie ihre ersten Freundschaften mit Jungen und der Briefwechsel schlief langsam ein. Auch Hanna lernte Jungen kennen und befreundete sich schließlich fest mit einem von ihnen, der in ihre Schule gewechselt hatte. Nachdem auch Stephanies restliche Familie fortgezogen war, hörte sie nichts mehr von ihrer Freundin.

Das war wahrscheinlich auch gut so, denn anderenfalls wäre sie sicher traurig gewesen. Stephanie heiratete und bekam ein Kind. Kurze Zeit später wurde sie als Drogendealerin verhaftet. Sie verbrachte mehrere Jahre im Gefängnis. Und während dieser Zeit ließ ihr Mann sich von ihr scheiden. Hanna dagegen ist glücklich verheiratet und hat zwei Kinder.

Wie kommt es, dass zwei Freundinnen zwei so völlig unterschiedliche Schicksale hatten? Es gibt darauf natürlich keine einfache Antwort. Was aber sicher eine entscheidende Rolle gespielt hat, entnehmen wir einer Äußerung, die Stephanie einem Therapeuten gegenüber tat: „Ich habe mich niemals von meinen Eltern geliebt gefühlt. Auf die Drogen habe ich mich im Grunde nur eingelassen, weil ich mich bei meinen Freunden beliebt machen wollte." Das sagte sie nicht so sehr, um ihren Eltern die Schuld für ihr Schicksal zu geben, sondern um die Beweggründe für ihr eigenes Handeln zu verstehen.

Aufschlussreich ist, wie Stephanie ihre Aussage formuliert hat. Sie war keineswegs der Meinung, ihre Eltern hätten sie überhaupt nicht geliebt. Doch sie hat sich niemals geliebt *gefühlt*.

!

Die meisten Eltern lieben ihre Kinder und sie möchten, dass sie sich auch geliebt fühlen. Doch nur recht wenige wissen, wie man diese Liebe verständlich zum Ausdruck bringt.

Erst wenn Eltern es lernen, bedingungslos zu lieben, werden sie ihren Kindern das Gefühl geben können, wirklich geliebt zu werden.

WODURCH SICH EIN KIND GELIEBT FÜHLT

Die moderne Gesellschaft macht die Erziehung unserer Kinder zu einer immer komplizierteren Aufgabe. Das Drogenproblem unter den Jugendlichen ängstigt wohl die meisten Eltern. Die Ausbrüche der Gewalt in unseren Städten lassen bei so manchem Vater und bei so mancher Mutter Zweifel aufkommen, ob ihre Sprösslinge heil und unbeschadet das Erwachsenenalter erreichen werden.

Doch in dieser Situation, die so verfahren scheint, sprechen wir ein Wort der Hoffnung. Wir möchten, dass es Ihnen gelingt, eine echte Liebesbeziehung zu Ihren Kindern aufzubauen. Und dazu wollen wir uns in diesem Buch auf einen Aspekt der Erziehung Ihrer Kinder konzentrieren, der wahrscheinlich auch der allerwichtigste ist:

Es muss unser Bestreben sein, das Verlangen eines jeden Kindes nach Liebe zu stillen.

Ein Kind, das sich geliebt fühlt, wird viel eher bereit sein, sich an die Hand nehmen und führen zu lassen.

Voraussetzung dafür aber ist, dass Sie die persönliche Sprache der Liebe Ihres Kindes sprechen und verstehen. Ihr Kind ist auf eine ganz individuelle Weise empfänglich für die Bekundungen Ihrer Liebe. Man kann auf vielerlei Weise seine Liebe zeigen. All diese Möglichkeiten können in fünf Kategorien oder Sprachen aufgeteilt werden: Körperkontakt, Lob und Anerkennung, Beisammensein und Zuwendung, Geschenke und schließlich Gefälligkeiten und Liebesdienste. Wenn Sie mehr als ein Kind haben, werden diese möglicherweise ganze unterschiedliche Sprachen der Liebe sprechen, denn sie unterscheiden sich ja auch in ihrer Persönlichkeit. Jedes Kind braucht also seine persönliche Ansprache.

Bedingungslose Liebe ist unabhängig vom Verhalten eines Kindes.

DIE „KOMME-WAS-DA-WOLLE-LIEBE“

Ganz gleich, welche Liebessprache Ihr Kind am besten versteht, zum Ausdruck kommen muss auf jeden Fall, dass die Liebe bedingungslos ist. Nur eine Liebe, die an keine Bedingungen geknüpft ist, kann ein verlässlicher Wegweiser im Leben sein, denn nur dann wissen wir und unsere Kinder immer, woran wir sind. Ohne diese verlässliche Liebe ist die Erziehung unserer Kinder ein Verwirrspiel. Bevor wir uns mit den fünf Sprachen der Liebe im Einzelnen befassen, wollen wir uns deshalb zunächst fragen, wie diese bedingungslose Liebe aussieht und welche Bedeutung sie für unser Zusammenleben hat. Definieren können wir sie am besten dadurch, dass wir sagen, was sie bewirkt. Diese Liebe ist für das Kind immer erfahrbar, *komme, was da wolle.* Wir lieben unser Kind, und es kümmert uns dabei überhaupt nicht, wie es aussieht, was es leistet, wo es Schwächen hat und ob es unseren Erwartungen und Hoffnungen entspricht. Vor allem aber – und das ist wahrscheinlich das Schwierigste – ist diese Liebe unabhängig vom Verhalten unseres Kindes. Das bedeutet natürlich nicht, dass wir jede Verhaltensweise gutheißen müssen. Aber es bedeutet durchaus, dass wir unserem Kind stets das Gefühl vermitteln, geliebt zu werden, auch wenn uns sein Verhalten missfällt.

Das klingt vielleicht ein wenig nach Verwöhnung und Nachgiebigkeit. Aber das ist es keineswegs. Es geht einzig und allein darum, nicht den zweiten Schritt vor dem ersten zu tun. Der Liebestank unseres Kindes muss gefüllt sein, bevor wir beginnen dürfen, es zu erziehen und gegebenenfalls mit disziplinarischen Maßnahmen auf den Weg zu bringen. Ein Kind mit gefülltem Liebestank ist viel eher in der Lage, auf Erziehungsmaßnahmen gefasst und ohne Groll zu reagieren.

! Es gibt Eltern, die fürchten, durch zu viel Liebe könne ihr Kind verwöhnt und verzogen werden.

Das ist barer Unsinn! Ein Kind kann nie genug Liebe bekommen. Verzogen wird ein Kind durch einen Mangel an Erziehung oder durch eine Liebe, die nicht gesund ist. Wahre, bedingungslose Liebe wird ein Kind niemals verziehen, weil es niemals zu viel davon bekommen kann!

Vielleicht können Sie mit diesen Erkenntnissen wenig anfangen, weil sie neu für Sie sind und so gar nicht Ihren bisherigen Auffassungen entsprechen. Sie sollten sich einmal fragen, ob es Ihnen gelingt, Ihre Kinder ohne Vorleistungen zu lieben. Wenn Sie erkennen, dass Sie das nicht so ohne Weiteres schaffen, sollten Sie es dennoch versuchen. Wenn Sie es nämlich tun, werden Sie die positiven Auswirkungen erleben, und das wird Sie überzeugen. Auch Sie wollen doch das Beste für Ihre Kinder. Dabei werden Sie die Erfahrung machen, dass es von Ihrer Liebe abhängt, ob sich Ihre Kinder gut in der Welt der Erwachsenen zurechtfinden oder als immer mutwillige und niemals erwachsen werdende Außenseiter ihr Leben fristen.

Sollten Sie Ihre Kinder bisher nicht ohne Vorleistungen geliebt haben, wird es Sie einige Mühe kosten, dies nun bewusst zu tun. Doch je mehr Sie damit Erfahrungen sammeln, desto positiver werden sich die Auswirkungen bemerkbar machen. Sie selber werden immer freigebiger mit Ihrer Liebe, und das wird sich auf alle Ihre zwischenmenschlichen Beziehung auswirken. Niemand von uns ist vollkommen. Es wird uns deshalb nicht immer gelingen, unsere Liebe bedingungslos zu verschenken. Doch sobald Sie sich auf den Weg machen und das große Ziel anstreben, werden Sie feststellen, dass Ihre Liebe immer beständiger wird – komme, was da wolle.

Dabei hilft es Ihnen, wenn Sie sich regelmäßig ein paar Fakten über Ihre Kinder vergegenwärtigen:

WICHTIG

1. Sie sind noch Kinder.
2. Sie benehmen sich auch wie Kinder.
3. Kindliches Verhalten ist oft lästig.
4. Wenn ich meine Kinder liebe – obwohl sie mir zuweilen auf die Nerven gehen –, werden sie ihre Kindlichkeit auf natürlichem Weg nach und nach verlieren und eines Tages reife Erwachsene sein.
5. Wenn ich die Kinder nur aufgrund ihres Wohlverhaltens liebe und ihnen diese Liebe auch nur dann zeige, wenn sie brav sind, werden sie sich nicht wirklich geliebt fühlen. Das wird ihrem Selbstwertgefühl schaden. Sie werden verunsichert, und es wird ihnen später längst nicht so gut gelingen, sich zu beherrschen und wie ein reifer Erwachsener zu leben. Deshalb hängt ihre Entwicklung nicht nur von ihnen selber ab. Auch ich trage dafür Verantwortung.
6. Wenn ich die Kinder nur liebe, solange sie meinen Erwartungen und Vorstellungen entsprechen, werden sie unter Versagensängsten leiden und irgendwann resignieren. Sie werden immer in Anspannung leben, von Ängsten geplagt sein und irgendwann Wut im Bauch haben. Um das zu verhindern, muss ich mich stets daran erinnern, dass ich Mitverantwortung dafür trage, dass sie heranwachsen und gedeihen. (Mehr zu diesem Thema in dem Buch *Kinder sind wie ein Spiegel* von Ross Campbell.)
7. Wenn ich sie aber ohne Vorleistungen liebe, werden sie sich geborgen fühlen. Sie werden mit ihren Ängsten umgehen lernen und ihr Verhalten immer erfolgreicher sinnvoll steuern können.

LIEBE ... UND NOCH VIEL MEHR

Zentralthema dieses Buches ist das Verlangen der Kinder nach Liebe. Es ist eines der Grundbedürfnisse des Menschen. Deshalb hängt auch die Qualität all unserer zwischenmenschlichen Beziehungen sehr davon ab. Es gehört zu unseren selbstverständlichen Pflichten, unsere Kinder mit Obdach, Nahrung und Kleidung zu versorgen. Aber wir sind genauso für ihre seelische und geistliche Gesundheit verantwortlich.

Viele Bücher sind schon über das Bedürfnis des Kindes nach einem gesunden Selbstwertgefühl geschrieben worden. Die Betonung liegt auf „gesund", denn ein Kind mit einem übertriebenen Selbstbewusstsein wird sich allen anderen überlegen fühlen und meinen, es sei das Geschenk Gottes an die Welt und verdiene deshalb, seine Wünsche erfüllt zu bekommen. Das Kind dagegen, das seinen Wert stets unterschätzt, wird von Selbstzweifeln geplagt sein: „Ich bin nicht so gut drauf wie andere. Ich bin nicht so fit und nicht so attraktiv." Die Maxime eines solchen Lebens ist: „Ich kann nicht", und die Bilanz heißt: „Das habe ich nicht geschafft." Der Einsatz von uns Eltern für ein gesund entwickeltes Selbstwertgefühl unserer Kinder lohnt sich also allemal. Sie werden sich dann als wertvolle Glieder unserer Gesellschaft empfinden, die ihre individuellen Talente und Gaben kreativ einbringen.

> Ein weiteres Grundbedürfnis unserer Kinder ist der Wunsch nach Sicherheit und Geborgenheit.

In unserer sich schnell wandelnden Welt fällt es Eltern immer schwerer, diesem Bedürfnis nachzukommen. Immer häufiger kommt es vor, dass beunruhigte Kinder ihren Eltern die Frage stellen: „Lasst ihr euch auch scheiden?" Tatsache ist, dass viele ihrer Freunde bereits Scheidungswaisen sind.

Das Kind muss soziales Verhalten erst lernen. Es muss Respekt vor dem anderen entwickeln, sodass es Freundschaften aufbauen kann, in denen ein ausgewogenes Verhältnis von Geben und Nehmen herrscht. Ohne ein gesundes Sozialverhalten wird der Betreffende immer Gefahr laufen, sich zu isolieren und in seiner Persönlichkeitsentwicklung stecken zu bleiben. Ein Kind, das sein Sozialverhalten nicht in den Griff bekommt, kann sich aber auch zu einem alles beherrschenden Monster entwickeln, das rücksichtslos die Ellenbogen benutzt, um seine Ziele zu erreichen. Der rechte Einfluss von Autoritäten weckt gesunde Fähigkeit im Umgang mit anderen Menschen.

Erfolg im Leben ist weitgehend davon abhängig, ob man es versteht, Autorität richtig einzuschätzen und entsprechend zu akzeptieren. Ohne diese Fähigkeit wird man es im Leben trotz vieler guter Eigenschaften nicht weit bringen.

!

Eltern müssen ihren Kinder dabei helfen, ihre ganz persönlichen Gaben und Talente zu entfalten.

Das schenkt Zufriedenheit und die Gewissheit, etwas leisten zu können, weil dem Kind seine persönlichen Stärken gezeigt werden. Eltern, die ihre Aufgabe gewissenhaft erfüllen wollen, müssen ihren Kindern Führung und Freiraum zur Entfaltung in einem ausgewogenen Verhältnis anbieten und gewähren.

DIE LIEBE IST DAS GRÖSSTE

All das sind berechtigte Bedürfnisse unserer Kinder. Aber in diesem Buch wollen wir uns ganz auf das eine große Verlangen nach Liebe konzentrieren, denn die Liebe hat oberste Priorität. Alles andere ist letztlich zweitrangig. Liebesfähigkeit und die Bereitschaft, Liebe zu empfangen, bilden den fruchtbaren Nährboden für alles, was wir im Leben erstreben und unternehmen. Der Säugling kann noch nicht unterscheiden zwischen Milch und Zärtlichkeit, zwischen Nahrung und Liebe. Ohne Nahrung wird das Kind verhungern, doch auch ohne Liebe fehlt ihm Lebenswichtiges. Es wird emotional verkümmern und fürs Leben gezeichnet sein.

!

Viele Forschungen belegen, dass das emotionale Gerüst eines Menschen in den ersten 18 Monaten seines Lebens errichtet wird.

In dieser Zeit ist die Mutter-Kind-Beziehung am innigsten. Die „Nahrung" für das emotionale Gedeihen besteht aus Körperkontakt, freundlichen Worten und liebevoller Pflege.

Wenn das Kind dann immer mehr sein eigenes Ich entdeckt, entfernt es sich allmählich von der bisher einzigen Liebesquelle. Bis dahin war es nur die Mutter, die bewusst Nähe oder Distanz herstellen konnte. Jetzt aber lernt das Kind, selbst darüber zu entscheiden. Es bestimmt die Nähe zu der Person, von der es abhängig ist. Je größer sein Aktionsradius wird, desto aktiver wird seine Liebesbeziehung. Es ist nicht mehr der passive Empfänger von Liebe, sondern entwickelt die Fähigkeit, aktiv darauf zu

reagieren. In den folgenden Jahren entwickelt sich immer mehr die Fähigkeit des Kindes, Liebe auszudrücken.

Wenn ein Kind genug Liebe empfängt, wird es lernen, sie auch zu verschenken.

Dieses Fundament der Liebe, das in den ersten Lebensjahren gelegt wird, beeinflusst auch die Lernfähigkeit des Kindes. Viele Kinder kommen zur Schule und sind auf das Lernen überhaupt nicht vorbereitet, weil ihnen die emotionalen Voraussetzungen dafür fehlen. Kinder müssen eine bestimmte emotionale Reife erreicht haben, bevor sie ihrem Alter gemäß lernen können. Es ist deshalb längst nicht immer der Weisheit letzter Schluss, das Kind bei Lernproblemen auf eine „bessere" Schule zu schicken oder den Lehrer zu wechseln. Wir müssen erst einmal herausbekommen, ob unser Kind überhaupt emotional reif fürs Lernen ist. (Mehr über das Verhältnis von Liebe und Lernfähigkeit in Kapitel 9.)

Es ist schwieriger, als man denkt, das Bedürfnis eines Kindes nach Liebe zu stillen, vor allem, wenn es in die Pubertät kommt. Die Gefahren, die dann lauern, sind groß. Wenn dann der junge Mensch mit einem leeren Liebestank auskommen muss, wird er besonders empfänglich für all die typischen Gefahren dieses Lebensabschnittes sein.

Kinder, die nur nach Vorleistungen geliebt werden, verhalten sich später entsprechend. Wenn sie in die Pubertät kommen, werden sie versuchen, ihre Eltern zu manipulieren und zu beherrschen. Wenn man auf ihre Wünsche eingeht, werden sie mit Wohlverhalten reagieren. Wird ihnen etwas abgeschlagen, antworten sie mit Liebesentzug. Das schockiert die Eltern, denn sie hoffen auf Liebesbeweise ihrer Teenager. Diese haben aber Liebe ohne Vorleistung niemals kennengelernt. Und so geraten die beiden Parteien in einen Teufelskreis von Wut, Groll und Widerspenstigkeit.

!

Kinder sind durch und durch emotionale Wesen und auch ihre Sicht von der Welt ist emotional geprägt.

Jüngste Studien beweisen sogar, dass sich die seelische Verfassung der Mutter auf das Kind in ihrem Leib überträgt. Das Ungeborene reagiert auf Wut und Glücksgefühle der Mutter. Später, wenn die Kinder älter werden, reagieren sie noch sehr sensibel auf den Gemütszustand ihrer Eltern.

Bei uns Campbells haben die Kinder oft schneller erfasst, in welcher Stimmung der Vater war, als er selber. So fragte mich mein Sohn (oder meine Tochter) eines Tages: „Papa, warum bist du eigentlich heute so schlecht gelaunt?" Obwohl ich mir meiner schlechten Laune gar nicht bewusst gewesen war, dachte ich einen Augenblick darüber nach. Und tatsächlich fiel mir ein, dass irgendein Ereignis vom Tag mich noch immer beschäftigte und für meine Missstimmung sorgte.

Ein andermal sagte eins meiner Kinder zu mir: „Worüber freust du dich so, Papa?" – „Woher weißt du, dass ich so guter Laune bin?", fragte ich nach. Was hatte sie darauf gebracht? Meine Tochter Carey antwortete: „Du pfeifst so fröhlich vor dich hin." Tatsächlich, ich hatte gepfiffen und es gar nicht bemerkt.

! Unsere Kinder sind ganz schön clever! Sie haben ein Gespür dafür, was in uns vorgeht.

Und deshalb nehmen sie sogar jedes kleine Quäntchen Liebe wahr, das wir ihnen anbieten. Aus demselben Grund sind sie auch so sensibel für unseren Zorn. Darauf kommen wir später noch zu sprechen.

Wir müssen unsere Liebe in einer Sprache vermitteln, die unsere Kinder auch verstehen. Der jugendliche Ausreißer ist fest davon überzeugt, dass niemand ihn wirklich liebt. Die meisten Eltern von Kindern, die davongelaufen sind, reagieren entrüstet: Selbstverständlich würden sie ihr Kind lieben. Doch es ist ihnen offenkundig nicht gelungen, dies auch zum Ausdruck zu bringen. Sie haben für Nahrung gesorgt, die Kleidung gewaschen, die Kinder gefahren, für Bildungschancen gesorgt und Hobbys ermöglicht. Das sind alles Dinge, die Zuneigung signalisieren können – wenn bedingungslose Liebe der Motor ist. Aber sie können niemals Ersatz dafür sein. Kinder haben ein Gespür für den Unterschied. Sie merken, ob sie bekommen, wonach sie sich am meisten sehnen.

WIE MAN DIE LIEBE ZUM AUSDRUCK BRINGT

Traurige Wahrheit ist, dass sich nur verhältnismäßig wenige Kinder bedingungslos geliebt und versorgt fühlen, obwohl die meisten Eltern ihre Kinder lieben. Wie kommt es zu dieser unerfreulichen Diskrepanz? Der Hauptgrund besteht darin, dass die wenigsten Eltern es verstehen, die Liebe, die ihrem Herzen entströmt, hinüberzutransportieren zu den Herzen ihrer Kinder. Sie gehen davon aus, dass es genüge, die Kinder zu lieben, denn diese würden dies schon irgendwie mitbekommen. Andere Eltern glauben, es reiche aus, dem Kind zu sagen: „Ich liebe dich." Doch das ist leider nicht wahr.

Vorleben

Das gesprochene Wort reicht nicht aus, weil Kinder sich weitgehend am Verhalten orientieren. Sie nehmen zuallererst wahr, wie wir mit ihnen umgehen. Damit wir sie also recht ansprechen können, müssen wir ihnen auf die ihnen gemäße Art unsere Liebe zeigen: durch unser Verhalten.

Das hat Vorteile. Wenn Sie z. B. einen anstrengenden Tag hatten und abgespannt nach Hause kommen, ist Ihnen sicher nicht nach vielen Worten zumute. Aber Sie können Ihr Kind still auf den Arm nehmen oder an Ihr Herz drücken. Das kann man auch dann tun, wenn einem im Augenblick gar nicht nach Liebesbeweisen ist.

Vielleicht fragen Sie sich jetzt, ob das ehrlich ist und ob ein Kind so etwas nicht durchschaut. Das werden sie vielleicht sogar, weil sie so sensibel sind. Sie spüren wahrscheinlich, dass Sie im Augenblick nicht allzu viel Liebe zu verschenken haben, aber durch Ihre Gesten bekunden Sie Beständigkeit. Und so wissen es Ihre Kinder durchaus zu schätzen, dass Sie ihnen auch ohne große Gefühle Ihre Liebe zeigen. Schon Johannes schrieb: „Kinder, lasst uns nicht lieben mit Worten noch mit der Zunge, sondern in Tat und Wahrheit!“ (1. Joh. 3,18).

Die Sprache der Liebe Ihrer Kinder sprechen

Wie wir schon erwähnten, gibt es fünf Sprachen der Liebe und Ihr Kind spricht davon eine als „Muttersprache“, die es ganz besonders gut versteht. Wenn Sie sich dieser Sprache ausgiebig bedienen, wird sein emotionales Bedürfnis nach Liebe hinreichend gestillt. Das bedeutet natürlich nicht, dass man sich ausschließlich dieser Sprache bedienen soll.

> Die Kinder brauchen alle fünf Sprachen der Liebe, damit ihr Liebestank umfassend gefüllt ist.

Das bedeutet aber auch, dass Eltern alle fünf Sprachen beherrschen müssen. In den nächsten fünf Kapiteln werden Sie erfahren, wie das geht.

In den folgenden Kapiteln wollen wir Ihnen helfen, die Muttersprache der Liebe Ihrer Kinder zu entdecken. Eins wollen wir aber zuvor zu bedenken geben: Wenn Ihr Kind unter fünf ist, werden Sie noch keine Aussagen über seine Liebessprache machen können. Das ist unmöglich. Vielleicht können Sie schon ein paar vage Vermutungen anstellen, aber eine persönliche Sprache der Liebe ist im Allgemeinen jetzt noch nicht auszumachen. Bedienen Sie sich dann aller fünf Sprachen gleichermaßen. Seien Sie zärtlich, loben und ermuntern Sie viel, verbringen Sie viel Zeit mit dem Kind und machen Sie ihm durch kleine Gesten und Geschenke immer wieder Freude. All das wird ihm Ihre Liebe beweisen. Und es wird sich geliebt fühlen! Die Folge ist, dass es sehr schnell lernen wird und sich auch in anderen Bereichen als ein aufgewecktes Kind erweist.

Noch eine zweite Mahnung zur Vorsicht: Selbst wenn Sie die persönliche Liebessprache Ihres Kindes entdeckt haben und es auf diese Weise die nötige Liebe von Ihnen bekommt, dürfen Sie nicht erwarten, dass fortan alles in seinem Leben „wie geschmiert" laufen wird. Es wird dennoch Niederlagen und Missverständnisse erleben. Trotzdem wird sich Ihr Kind besser entwickeln. Es ist wie eine Blume, dem die Liebe wie frisches Wasser verabreicht wird.

Es wird Blüten tragen und durch seine Schönheit ein Segen für seine Mitmenschen sein. Doch ohne Liebe wird es wie eine verdurstende Blume welken.

Weil Sie möchten, dass Ihre Kinder reife Persönlichkeiten werden, werden Sie ihnen die Liebe in allen fünf Sprachen vermitteln wollen. Und Sie werden sie lehren, wie sie sich ihrerseits selbständig dieser Sprachen bedienen. Das wird nicht nur Ihren Kindern zugutekommen, sondern auch allen Menschen, die mit ihnen zu tun haben. Ein Merkmal des gereiften Menschen ist seine Fähigkeit, anderen Zuneigung zu zeigen und sie anzunehmen, und zwar durch alle fünf Sprachen der Liebe gleichermaßen. Doch nur sehr wenigen Erwachsenen gelingt das tatsächlich, denn die meisten beherrschen sie nicht alle.

Wenn Ihnen das alles fremd ist, haben Sie nun die Chance, sich weiterzuentwickeln, neue Erkenntnisse zu gewinnen und alle Ihre zwischenmenschlichen Beziehungen qualitativ zu verbessern. Und plötzlich entdecken Sie, dass in Ihrer eigenen Familie ein babylonisches Sprachengewirr herrscht.

2 | Sprache der Liebe Nummer 1: Lob und Anerkennung

PRAXISBEISPIEL

„Ob mich mein Vater liebt? Natürlich, denn wenn ich Ball spiele und mir was gelingt, klatscht er und freut sich. Und nach dem Spiel sagt er dann zu mir: ‚Toll, du hast dich richtig eingesetzt!' Er sagt, dabei zu sein ist immer wichtiger als der Sieg.“ Philip ist 14. Er erzählt weiter: „Ich verbock' auch mal was. Aber dann soll ich es nicht tragisch nehmen. Er ermutigt mich, dass ich es schon schaffen werde, wenn ich mir Mühe gebe.“

Mit Worten lässt sich die Liebe vortrefflich ausdrücken. Worte der Zuneigung, des Lobes und der Ermutigung – sie alle sagen: „Du bist mir wichtig.“ Solche Worte sind wie ein sanfter Landregen auf die Seele. Sie bringen das Selbstwertgefühl des Kindes zur Entfaltung und geben ihm ein Gefühl der Geborgenheit. Solche Worte sind schnell gesagt, bleiben aber lange im Gedächtnis. Die Saat, die damit in der Kindheit gelegt wird, bringt im Laufe eines ganzen Lebens Früchte hervor.

!

Ermutigende Worte entfalten in Ihrem Kind das Selbstwertgefühl und geben ihm ein Gefühl der Geborgenheit.

Beschimpfungen aus einem Wutanfall heraus können umgekehrt dem Selbstwertgefühl eines Kindes schaden und Zweifel an seinen Fähigkeiten säen. Kinder glauben uns noch jedes Wort. Das alte hebräische Sprichwort „Tod und Leben sind in der Gewalt der Zunge“ (Sprüche 18,21) ist keineswegs überspitzt formuliert.

Manche Kinder fühlen sich besonders geliebt, wenn sie durch anerkennende Worte Selbstbestätigung erfahren.

LIEBESERKLÄRUNGEN UND KOSEWORTE

Lange bevor Kinder die Bedeutung solcher Worte verstehen, bekommen sie schon deren emotionale Färbung mit. Der Tonfall und die Atmosphäre, die zwischen Eltern und Kind geschaffen wird, sind Ausdrucksmittel der Liebe. Eltern reden mit ihrem Baby. Und der Säugling weiß die Botschaft zu deuten – durch den Gesichtsausdruck, den freundlichen Tonfall und die körperliche Nähe.

Weil sich das Sprachvermögen kleiner Kinder erst allmählich entwickelt, werden sie den genauen Sinn unserer Worte nicht immer sofort erfassen. Das Wort „Liebe“ ist zunächst ein abstrakter Begriff. Sie können die Liebe nicht sehen, wie sie den Teddy oder das Bilderbuch vor Augen haben. Weil Kinder in einer Welt der konkreten Vorstellungen leben, müssen wir ihnen auch konkret klarmachen, was Liebe heißt. Dazu müssen Sie lernen, verbale Liebeserklärungen mit konkreteren Liebesbeweisen in Verbindung zu bringen. Wenn das Kind z. B. auf Ihrem Schoß eine Gutenachtgeschichte vorgelesen bekommt, könnten Sie es an sich drücken und sagen: „Ich hab’ dich ganz doll lieb.“

Hat Ihr Kind es erst einmal gelernt, Worte mit konkreten Erfahrungen in Verbindung zu bringen, versteht es den Satz „Ich habe dich lieb“ auch in ganz alltäglichen Situationen, wenn Sie es beispielsweise zum Spielplatz schicken oder in die Schule. Verquicken Sie doch öfter einmal eine Liebeserklärung mit anerkennenden Bemerkungen.

Alice ist Mutter von zwei Kindern. Sie erzählt: „Ich habe nie vergessen, dass meine Mutter, wenn sie mich morgens kämmte, immer mein schönes rotes Haar bewunderte. Das hat dazu beigetragen, dass ich ein ausgesprochen positives Selbstbild von mir habe. Als ich Jahre später mitbekam, dass wir Rothaarigen eine Minderheit sind, habe ich das trotzdem nie als negativ empfunden. Ich bin überzeugt, dass die Bewunderung meiner Mutter sehr viel dazu beigetragen hat.“

LOB

Wenn wir unseren Kindern etwas Liebes sagen wollen, verbinden wir oft Bekundungen unserer allgemeinen Zuneigung mit konkretem Lob. Diese zwei Dinge müssen wir auseinanderhalten. Wenn wir unsere Zuneigung und Wertschätzung bekunden, sagen wir etwas über das Kind an sich, über sein Wesen, das uns lieb und teuer ist.

! Lob ist die Anerkennung für besondere Leistungen, für besonders positive Verhaltensweisen oder neue Erkenntnisse, die das Kind gewonnen hat.

Damit das, was Sie sagen, nicht seine Bedeutung für das Kind verliert, dürfen Sie nicht übertreiben. Wenn Sie Ihr Kind zu oft in den Himmel heben, verlieren Ihre Worte an Aussagekraft. Sagen Sie z. B. „Du bist ein liebes Mädchen!“, ist das eine sehr positive Aussage. Sie müssen sie aber mit Bedacht einsetzen. Es ist wirkungsvoller, solch einen Satz vor allem dann zu sagen, wenn das Kind in dem Augenblick durch ein bestimmtes Ereignis Ihre Aussage nachvollziehen und ihr auch irgendwie zustimmen kann. Das gilt besonders, wenn Sie ein konkretes Lob aussprechen wie: „Toll geworfen!“ Sollte der Wurf in Wahrheit aber gar nicht so toll gewesen sein, schätzt Ihr Kind das ziemlich realistisch ein.

Ein Kind spürt, ob ein Lob berechtigt ist oder nur ausgesprochen wird, um es aufzumuntern.

Das aber empfindet es als unehrlich.

Zu viel Lob ohne konkreten Anlass ist auch noch aus einem zweiten Grund riskant. Die Kinder gewöhnen sich daran. Wenn die Anerkennung dann einmal ausbleibt, erleben sie das gleich als persönliches Versagen und Ängste stellen sich ein.

Natürlich möchten wir die uns anvertrauten Kinder loben. Wir müssen aber immer darauf achten, dass unser Lob berechtigt ist und einen konkreten Anlass hat. Andernfalls werden unsere Kinder schnell das Gefühl bekommen, wir wollten ihnen nur schmeicheln. Und das bedeutet für sie lügen.

ERMUTIGUNG

Ermutigen heißt Mut machen. Wir wollen, dass unsere Kinder Mut bekommen, um sich immer mehr im Leben zuzutrauen. Für Kleinkinder ist fast alles, was sie anpacken, eine neue Erfahrung. Die ersten Schritte auf eigenen Füßen, die ersten richtigen Worte und die ersten Meter auf dem Fahrrad – all das setzt Mut voraus.

> Wir haben es in der Hand, ob wir mit unseren Worten er-mutigen oder ent-mutigen.

Logopäden sagen, dass unsere Kinder vor allem durch Nachplappern sprechen lernen. Das werde beschleunigt, wenn die Erwachsenen nicht nur deutlich sprechen, sondern auch die Sprechversuche ihrer Kinder mit Lob und Anerkennung begleiten: „Ja, das hört sich schon gut an! Genau! Du kriegst das schon toll hin!“ Das ermutigt nicht nur im Augenblick, sondern fördert auch den schnellen Aufbau eines möglichst umfangreichen Wortschatzes.

Das Gleiche gilt auch für das Erlernen eines positiven Sozialverhaltens: „Ich habe gesehen, dass du Maria deinen Buddeleimer gegeben hast. Das finde ich ganz toll! Wenn man teilt, hat jeder was davon.“ Worte wie diese motivieren das Kind, dem eigenen Hamstertrieb entgegenzuwirken.

Ein Vater sagt zu seinem Sohn: „Ich habe heute Abend beobachtet, dass du nach dem Spiel mit Ralf gesprochen hast. Er war sicher ziemlich frustriert. Aber du hast ihm trotzdem aufmerksam zugehört, obwohl dir die anderen beim Vorübergehen dauernd auf die Schultern geklopft haben. Fand ich gut! Ein offenes Ohr ist oft das größte Geschenk, das man jemandem machen kann.“ Dieser Vater macht seinem Sohn Mut, die Kunst des Zuhörens weiterzuentwickeln. Sie ist eine der wichtigsten sozialen Aufgaben. Vielleicht fällt Ihnen das Loben schwer. Dann sollten Sie eins bedenken:

> Ein Mensch, der durch Lob und Anerkennung aufgebaut wird, fühlt sich auch körperlich vital und leistungsfähig.

!

Doch zum Loben braucht man selber Kraft und Lebensfreude. Und die bekommen auch wir als Eltern wieder durch Lob von anderen. Ermutigen wir uns doch gegenseitig. Alleinerziehende Eltern können sich bei guten Freunden und Verwandten das nötige Quantum Lob und Anerkennung holen, um Energie und Lebensfreude zu tanken.

Der größte Feind des Lobes ist der Ärger. Je wütender wir werden, desto mehr werden wir unsere schlechte Laune an unseren Kindern abreagieren. Das Ergebnis sind Kinder, die Autorität verachten und ihre Eltern nicht leiden

können. Mütter und Väter, die ihre Kinder gut behandeln wollen, werden also alles daransetzen, ihren Ärger in den Griff zu bekommen.

Der weise Verfasser der Sprüche hat das bereits erkannt. Er schreibt: „Eine sanfte Antwort wendet Grimm ab" (Sprüche 15,1). Die Lautstärke der elterlichen Stimme hat großen Einfluss auf die Reaktion des Kindes. Wir können es lernen, mit unseren Kindern auch dann noch ruhig zu sprechen, wenn wir uns über sie ärgern. Das erfordert Übung, aber man kann es schaffen. Vermeiden wir schrille Tonlagen! Wenn wir etwas von unseren Kindern wollen, dann kommen wir nicht mit barschen Befehlen zu ihnen, sondern kleiden unseren Wunsch in eine Frage. Welche der beiden folgenden Aufforderungen wird unseren Teenager wohl eher motivieren, unserem Wunsch nachzukommen? „Du bringst jetzt endlich den Abfall runter!" Oder: „Ob du mal für mich gehst und den Abfall runterbringst?" Ein freundlicher Ton zahlt sich fast immer aus.

Wenn wir uns bemühen, unsere Kinder zu motivieren, statt sie herumzukommandieren, werden sie sich von uns viel bereitwilliger etwas sagen lassen.

DEN WEG ZEIGEN

Wer lieber lobt als tadelt, wird eher auf die guten Taten seiner Kinder schauen, denn dann kann er sie auch öfter ermutigen. Im Alltag fallen einem ihre Versäumnisse allerdings meist schneller auf. Es kostet also etwas mehr Mühe, das Positive in den Vordergrund zu rücken. Aber diese Mühe lohnt sich allemal. Denn mit dem Lob zeigen wir immer den Weg in die richtige Richtung.

Kinder sind darauf angewiesen, dass wir ihnen den Weg zeigen. Sie lernen sprechen, indem wir ihnen vorsprechen. Und sie lernen, sich zu benehmen, weil wir es ihnen vormachen. In den meisten Kulturen sind es die Eltern, die ihre Kinder sozialisieren. Sie zeigen ihnen aber nicht nur, was sie im täglichen Leben lieber tun und besser lassen sollten, sondern sorgen auch dafür, dass die Kinder Moral und Ethik vermittelt bekommen.

Alle Kinder haben irgendjemand zum Vorbild. Wenn Sie als Eltern diese Rolle nicht übernehmen, dann treten andere an Ihre Stelle – die Schule, das Fernsehen, andere Erwachsene und Kinder, die ihrerseits von anderen Personen beeinflusst werden. Stellen Sie sich bewusst einmal die wichtige Frage: *Bin ich es als Vater oder Mutter, der meinem Kind den Weg ins Leben zeigt?*

Aber selbst wenn Eltern diese Aufgabe wahrnehmen, verpacken sie die richtigen Botschaften oft genug falsch. Sie warnen zwar ihr Kind vor Drogen, vergreifen sich aber im Ton, sodass sie genau das Gegenteil erreichen. Jede Warnung, die wir aussprechen, muss als positive Botschaft ankommen. Ein guter Rat, der abstoßend verpackt ist, wird Trotzreaktionen hervorrufen. So beklagte sich ein Kind: „Meine Eltern schreien mich an, dass ich gefälligst nicht so herumschreien soll. Sie verlangen etwas von mir, was sie selber nicht gelernt haben. Das finde ich gemein."

Problematisch ist auch, dass viele Eltern ihre Kinder allein durch Verbote auf das Leben vorbereiten wollen: „Betrink dich nicht, und wenn, dann lass wenigstens das Auto stehen!" – „Pass auf, dass du nicht schwanger wirst!" – „Rauch nicht so viel!" – „Fang gar nicht erst mit Drogen an!“ All das sind durchaus berechtigte Warnungen, aber sie sind letztlich nicht das, was unsere Kinder brauchen, nämlich Rat und Beistand. Natürlich gehören zur Erziehung auch Verbote, aber sie sollten niemals allzu sehr in den Vordergrund treten. Gott gab nach biblischem Bericht Adam und Eva im Garten Eden nur ein einziges wirkliches Verbot. Alles andere waren positive Aussagen. Dafür hatte er Aufgaben für sie, die ihrem Leben Sinn gaben. Als die Kinder Israels später zum Sinai kamen, erhielten sie die Zehn Gebote, von denen fünf Verbote und fünf Gebote sind. Und auch Jesu Bergpredigt enthält überwiegend positive Aussagen.

Strikte Verbote sind notwendig, aber sie dürfen nicht unsere ganze Erziehung ausmachen.

Das oberste Gebot in der Erziehung ist immer die Liebe.

Und das ist es, was unsere Kinder so dringend brauchen: den liebevollen Rat. Wenn wir ihnen positive Anregungen für einen sinnvollen Lebenswandel geben, laufen sie viel weniger Gefahr, Opfer der negativen Einflüsse zu werden, vor denen wir sie zu bewahren suchen. Viele junge Leute geben zu, sich nur aus Langeweile auf Drogen eingelassen zu haben.

Eltern, die ihre Kinder durch guten Rat erziehen, werden wissen wollen, was ihre Kinder interessiert und welche Talente sie haben. Und dann werden sie diese guten Anlagen fördern. Bei allem aber muss Liebe mitschwingen, ob es darum geht, gute Umgangsformen zu vermitteln oder die hohe Kunst der Beziehungspflege.

Aber selbst strikte Verbote können noch liebevoll ausgesprochen werden. Brüllen wird nicht den gewünschten Effekt haben und ein ständiges Herunterleiern der Fehler auch nicht. Wenn Sie vor Drogen warnen wollen, sprechen

Sie über Freunde Ihres Kindes, die bereits süchtig sind. Sprechen Sie über Ihr Bedauern, dass andere eine so tragische Entscheidung getroffen haben. Geben Sie Ihrem Kind Berichte über Todesfälle bei Süchtigen zu lesen. Und bekunden Sie Ihr Mitgefühl für die Familien der Opfer. Wenn Ihre Kinder mitbekommen, dass Sie ehrlich besorgt sind und Mitleid haben, dann wird es ihnen viel leichter fallen, sich mit Ihnen zu identifizieren, als wenn Sie Altersgenossen für ihre Verfehlungen in Bausch und Bogen verurteilen.

WENN DIE MUTTERSPRACHE DER LIEBE IHRES KINDES LOB UND ANERKENNUNG IST

Der Satz „Ich habe dich lieb“ sollte eigentlich niemals durch etwas anderes ergänzt oder eingeschränkt werden. Wenn man sagt: „Ich habe dich ja so lieb. Würdest du mir dafür auch einen Gefallen tun?“, dann wird die Botschaft bereits relativiert. Sagt man: „Ich habe dich lieb, aber eins muss ich dir mal sagen ...“, dann ist die Liebe ausgelöscht. Ein so kostbares Wort wie „Ich liebe dich“ sollte niemals durch Bedingungssätze verwässert werden. Das gilt ganz besonders bei Kindern, deren persönliche Liebessprache das gesprochene Wort ist.

PRAXISBEISPIEL

Bert und Rita, die Eltern des zehnjährigen Thomas, hatten eines Tages den Eindruck, ihr Sohn interessiere sich für gar nichts mehr. Er wirkte gelangweilt und apathisch. Sie hatten alles versucht, um ihn für irgendetwas zu begeistern. Sie hatten ihm einen Sport ermöglichen wollen und ihm einen Hund gekauft. Doch irgendwann waren sie mit ihrem Latein am Ende. Sie hielten Thomas sein Desinteresse vor. Er müsse doch eigentlich dankbar dafür sein, Eltern zu haben, die sich so für ihn einsetzen. Aber nun müsse er endlich mal selber aktiv werden. Sie drohten sogar, ihn einem Psychiater vorzustellen, wenn er nicht endlich mehr Freude am Leben entwickle.

Nachdem Bert und Rita eins meiner Seminare über die Liebessprachen besucht hatten, fragten sie sich gleich, ob Thomas' Sprache der Liebe vielleicht Lob und Anerkennung sei. Sie erkannten nämlich, dass dies ein Bereich war, den sie bisher völlig vernachlässigt hatten. Sie hatten ihren Sohn stattdessen mit Geschenken überhäuft, hatten ihn täglich gedrückt und geherzt, ihm sehr viel Aufmerksamkeit geschenkt und ihm viele Liebesdienste erwiesen. Doch sobald sie mit ihm redeten, waren es meist Vorwürfe.

Deshalb entwickelten sie nun einen Plan. Sie begannen, Thomas ganz bewusst zu loben und ihm Komplimente zu machen. Sie nahmen sich vor, ihm einen Monat lang auf ganz unterschiedliche Art stets die eine Botschaft zu vermitteln: „Du bist uns wichtig, wir lieben dich und wir haben dich in unser Herz geschlossen."

Thomas war ein hübsches Kind und so wollten sie ihm zunächst einmal dafür Komplimente machen. Aber sie achteten darauf, dass sie sie nicht wieder mit irgendwelchen Erwartungen verknüpften, wie z. B.: „Du bist ein kräftiger Junge geworden. Da könntest du eigentlich Fußball spielen." Nein, sie bekundeten nur ihre Freude darüber, wie kräftig er doch geworden sei. Sie achteten nun besonders auf Verhaltensweisen ihres Sohnes, die ihnen Freude machten, und reagierten dann sofort mit Lob. Wenn er den Hund fütterte, drückten sie ihre Freude darüber aus und unterließen es, noch hinzuzufügen: „Das war aber auch höchste Zeit!" Wenn sie einen Rat gaben oder vor etwas warnten, dann drückten sie es von jetzt an positiv aus.

Einen Monat später berichteten Bert und Rita: „Wir können kaum fassen, wie sehr Thomas sich verändert hat. Er ist ein ganz anderer Junge geworden – vielleicht weil wir andere Eltern geworden sind. Seine ganze Lebenseinstellung ist positiver und optimistischer. Er erzählt uns die neuesten Witze und lacht sich darüber selbst halb tot. Er ist sehr darum bemüht, den Hund zu füttern, und hat neulich mit ein paar Nachbarskindern Fußball gespielt. Wir denken, dass wir auf dem richtigen Weg sind."

Die Erkenntnisse, die beide gewannen, haben auch sie selbst verändert. Ihnen wurde klar, dass Kindererziehung keine Sache ist, die man einfach so aus dem Ärmel schüttelt.

Weil jedes Kind anders ist, muss man ihm seine Liebe in der ihm gemäßen Sprache vermitteln.

Bert und Ritas Geschichte zeigt, dass man durchaus eine völlig falsche Liebessprache sprechen und damit sein Kind ständig frustrieren kann. Thomas' Liebessprache ist Lob und Anerkennung, sie aber hatten immer nur Tadel für ihn übrig.

Ständiger Tadel schadet jedem Kind, aber besonders unheilbringend ist er für Kinder, deren Liebessprache Lob und Anerkennung ist.

Wenn Sie glauben, dass genau dies die Liebessprache Ihres Kindes ist, und wenn es Ihnen besonders schwerfällt, andere zu loben, dann sollten Sie sich ein Notizbuch anlegen. Immer, wenn Sie durch Zufall aufschnappen, wie andere Eltern ihre Kinder loben, machen Sie sich darüber ein paar Notizen. Wenn Sie einen Artikel über Kindererziehung lesen, dann achten Sie auf darin erwähnte positive Ermunterungen. Auch die tragen Sie in Ihr Buch ein. Durchforsten Sie Bücher über Kindererziehung. Wenn Sie einiges gesammelt haben, können Sie

sich vor einen Spiegel stellen und all diese positiven Dinge einmal ganz bewusst laut aussprechen. Je öfter Sie dies tun, desto geläufiger wird Ihnen das Loben werden. Dann sollten Sie ganz bewusst auf die Gelegenheit warten, Ihrem Kind etwas Nettes zu sagen – mindestens dreimal am Tag.

!

Warten Sie ganz bewusst auf Gelegenheiten, Ihrem Kind etwas Nettes zu sagen.

Bemerken Sie aber, dass Sie in alte Verhaltensweisen zurückfallen, dann sollten Sie sich bei Ihrem Kind entschuldigen. Sagen Sie ihm, dass Sie es ja gar nicht verletzen wollten und eigentlich gar nicht so schlecht über es dächten. Bitten Sie Ihren Sohn oder Ihre Tochter um Verzeihung. Sagen Sie dem Kind, dass Sie es in Zukunft besser machen und ihm viel öfter das Gefühl geben wollen, wirklich von Ihnen geliebt zu werden. Wenn Sie das tun, werden Sie in kurzer Zeit Ihre alten Gewohnheiten los und Sie werden sich neue Verhaltensweisen aneignen. Der Lohn wird sein, dass sie die Veränderungen im Gesicht Ihres Kindes ablesen können. Das macht froh, und es stehen auch die Chancen nicht schlecht, dass Sie Ihrerseits nun Lob und Anerkennung von Ihren Kindern bekommen. Je mehr sie sich von Ihnen geliebt fühlen, desto freigebiger werden sie diese Liebe zurückgeben können.

Es sollen nun vier Kinder zu Wort kommen, deren Muttersprache der Liebe Lob und Anerkennung ist.

WAS DIE KINDER SAGEN

Christina, acht Jahre alt, sagt: „Ich liebe meine Mutter, weil sie mich liebt. Sie sagt es mir jeden Tag. Ich glaube, dass mein Vater mich auch liebt, aber er sagt es mir nie."

Lisa, zwölf Jahre alt, hat sich den Arm gebrochen. „Ich weiß, dass meine Eltern mich lieben, weil sie mir immer Mut gemacht haben, wenn es mir nach meinem Unfall ziemlich schlecht ging und es mir schwerfiel, meine Hausaufgaben zu machen. Sie haben mich nie dazu gezwungen, wenn ich es einfach nicht konnte. Dann haben sie mich getröstet und gesagt, dass ich alles schon aufholen werde. Sie seien stolz auf mich, dass ich mich nicht unterkriegen lasse, und sie seien überzeugt, dass ich den Anschluss schon nicht verpassen werde."

David ist ein quirliger Fünfjähriger, der kein Blatt vor den Mund nimmt. Für ihn ist es ganz selbstverständlich, dass seine Eltern ihn lieben: „Meine Mama liebt mich und mein Papa auch. Sie sagen es mir doch jeden Tag."

John, zehn Jahre alt, hat seit seinem dritten Lebensjahr bei verschiedenen Pflegeeltern gelebt. In den letzten acht Monaten ist er nun bei Bob und Birgit. Sie sind sein viertes Pflegeelternpaar. Als er gefragt wurde, ob die beiden ihn wohl wirklich lieben, antwortete er spontan mit Ja. Gefragt, warum er dies so klar beantworten könne, erwiderte er: „Sie schreien mich nicht an. Die Pflegeeltern davor haben mich dauernd angeschrien und mit mir geschimpft. Sie haben mich wie den letzten Dreck behandelt. Aber Bob und Birgit behandeln mich wie einen Menschen. Ich weiß, dass ich ihnen viele Probleme mache, sie mich aber trotzdem lieb haben."

Für Kinder, deren primäre Liebessprache Lob und Anerkennung ist, ist das freundliche Wort unerlässlich für die Gewissheit, geliebt zu werden. Beschimpfungen verletzen sie deshalb umso mehr. Harsche Kritik tut keinem Kind gut, aber für Kinder mit dieser Liebessprache ist sie besonders unerträglich. So manches harte Wort bleibt bei ihnen lange im Gedächtnis.

Eltern sollten sich deshalb unbedingt für jeden rüden Ton entschuldigen. Das, was gesagt wurde, lässt sich zwar nicht ungeschehen machen, aber man kann durch geeignete Maßnahmen den Schaden begrenzen. Sollte Ihnen bewusst werden, dass Sie dazu neigen, mit Ihren Kindern fast nur noch barsch und unfreundlich zu reden, dann bitten Sie doch einmal Ihren Ehepartner, alles zu registrieren, was Sie sagen. Das hat oft eine ausgesprochen heilsame Wirkung.

Die positive Kommunikation ist sehr wichtig für eine heile Eltern-Kind-Beziehung.

Dafür lohnt sich die Mühe, mit alten Gewohnheiten zu brechen und neue Verhaltensweisen einzuüben. Der Nutzen für Ihr Kind wird enorm sein und Sie selbst werden im Reinen sein mit sich und der Welt.

3 | Sprache der Liebe Nummer 2: Zweisamkeit – Zeit nur für dich

PRAXISBEISPIEL

Die vierjährige Sara zerrt am Arm ihrer Mutter: „Mama, spiel was mit mir!"

„Das geht jetzt nicht", antwortet Tina. „Ich muss erst den Kartoffelsalat fertig machen. Danach spiele ich mit dir. Geh schon mal vor. Die paar Minuten kannst du dich ja allein beschäftigen. Dann machen wir was zusammen."

Fünf Minuten später ist Sara wieder in der Küche und bettelt. Tina sagt: „Süße, ich habe dir doch gesagt, dass ich erst den Kartoffelsalat fertig haben muss. Nun lauf schon, ich bin gleich bei dir." Sara trottet davon, aber nach vier Minuten ist sie zurück. Irgendwann ist der Kartoffelsalat wirklich fertig und die beiden können spielen. Aber Tina weiß, dass sich die gleiche Szene morgen wieder so abspielen wird.

Was können wir von Tina und Sara lernen? Wir können davon ausgehen, dass die kleine Sara hier ihre Muttersprache der Liebe spricht. Sie braucht ungeteilte Aufmerksamkeit, Zuwendung und viel Zeit mit den Eltern. Wir nennen das „quality time" – also Zeit mit Qualität.

> !
> Manche Kinder fühlen sich erst dann richtig geliebt, wenn sie die ungeteilte Aufmerksamkeit der Eltern bekommen.

Sara ist das so wichtig, dass sie nicht aufgibt und immer wieder in die Küche kommt. Doch für Tina ist diese Quengelei mehr als lästig. Wenn Sara es übertreibt, kann es sogar geschehen, dass ihre Mutter sie mit Stubenarrest fortschickt. Und das ist dann genau das Gegenteil von dem, was Sara braucht.

Tina ist ratlos. Kann man sein Kind lieben und dennoch die Hausarbeit schaffen? Die Antwort ist ein eindeutiges Ja! Eine Möglichkeit, dieses Ziel zu erreichen, ist es, die persönliche Liebessprache seines Kindes zu lernen. Hätte Tina sich eine Viertelstunde mit Sara intensiv beschäftigt, bevor sie mit dem Kartoffelsalat anfing, hätte sie ihn wahrscheinlich völlig ungestört zubereiten können.

Wenn der Liebestank eines Kindes leer ist und vor allem mit persönlicher Zuwendung wieder gefüllt werden kann, setzt ein Kind alles daran, dieses Bedürfnis gestillt zu bekommen.

Auch wenn „quality time“ nicht die persönliche Liebessprache Ihres Kindes ist, so wird es sich doch wie die meisten Kinder ein gewisses Maß an ungeteilter Aufmerksamkeit von Ihnen wünschen. In der Tat ist auffälliges Verhalten von Kindern oft ein Versuch, mehr Zeit von Mama und Papa für sich zu bekommen. Negative Aufmerksamkeit scheint also immer noch erwünschter zu sein als überhaupt keine.

Dieses Phänomen ist gerade in den letzten Jahren ein viel diskutiertes Thema, weil immer öfter beide Eltern berufstätig sind oder die Kinder bei alleinerziehenden Müttern oder Vätern leben. Obwohl dieses Thema so ausgiebig diskutiert wird, fühlen sich dennoch immer mehr Kinder und Heranwachsende vernachlässigt. Selbst Kinder, die von ihren Eltern geliebt werden, laufen mit leerem Liebestank herum, und niemand scheint so recht zu wissen, was man dagegen tun kann.

Die Liebessprache der Zweisamkeit verlangt, dass wir uns regelmäßig ganz auf unser Kind konzentrieren. Die meisten Säuglinge und Kleinkinder haben daran keinen Mangel. Wickeln, Füttern und Anziehen – all das bedeutet, regelmäßig im Mittelpunkt zu stehen. Auch wenn der Vater nach Hause kommt oder die Oma zu Besuch, wird dem Kleinkind im Normalfall viel Aufmerksamkeit geschenkt.

Wenn ein Kind größer wird, verlangt die Zuwendung zum Kind immer mehr Phantasie und Engagement.

!

Und das bedeutet, Opfer zu bringen. Es fällt leichter, dem Kind ein paar Streicheleinheiten zukommen zu lassen und ab und zu ein Lob auszusprechen, als sich mit dem Kind für längere Zeit konzentriert zu beschäftigen. Die wenigsten von uns haben genügend Zeit, um all das zu erledigen, was sie gern schaffen möchten. Wenn wir uns mit dem Kind ausgiebig beschäftigen wollen, müssen wir andere wichtige Dinge aus unserer Prioritätenliste streichen. Werden aus Kindern dann eines Tages Jugendliche, brauchen sie ganz besonders unsere Zuwendung und Aufmerksamkeit. Aber ausgerechnet in dieser Zeit sind Eltern oft besonders gestresst, erschöpft und von der Midlifecrisis geplagt.

Unsere ungeteilte Aufmerksamkeit für die Kinder hat folgende Botschaft für sie: „Du bist mir wichtig. Und ich fühle mich wohl in deiner Gegenwart." Sie gibt dem Kind das Gefühl, es sei für seine Eltern der wichtigste Mensch auf der ganzen Welt. Es fühlt sich geliebt, weil es seine Eltern ganz für sich haben kann.

Wenn Sie „Qualitätszeit" mit Ihren Kindern verbringen, müssen Sie sich körperlich und emotional auf ihre Ebene begeben. Sind sie im Krabbelalter, werden Sie sich zu ihnen auf den Boden setzen. Wenn sie ihre ersten Schritte wagen, sollten Sie dabei sein, um sie zu ermutigen und gegebenenfalls aufzufangen. Wenn die Kleinen den Sandkasten erobern und lernen, Bälle zu werfen, sollten Sie als Eltern mitbuddeln und die Bälle auffangen. Sie nehmen am Leben Ihres Kindes teil, wenn es in die Schule geht, wenn eine Vielzahl neuer Fertigkeiten erlernt werden, der Sport immer mehr Anforderungen stellt und die Gemeinde ihren Einsatz braucht. Je älter ein Kind wird, desto schwerer mag Ihnen das fallen, vor allem, weil es nun immer schwieriger wird, das Verhältnis von Engagement und Loslassen dem Bedürfnis des jungen Menschen anzupassen.

BEISAMMENSEIN

Bei dieser Liebessprache kommt es nicht so sehr darauf an, *was* Sie zusammen machen. Wichtiger ist, dass Sie überhaupt Gemeinschaft haben. Als der siebenjährige Nathan gefragt wurde, woher er wisse, dass sein Vater ihn liebt, antwortete er: „Weil er sich so viel mit mir beschäftigt. Wir kicken zusammen oder ich darf ihm beim Autowaschen helfen. Und zum Frisör gehe ich auch immer mit ihm."

Sich mit dem Kind beschäftigen bedeutet nicht, unbedingt immer etwas Großartiges zu unternehmen. Man kann sich seinem Kind fast überall widmen. Gerade wenn man mit ihm allein bei sich zu Hause Zeit verbringt, entwickelt sich Vertrautheit besonders schnell. Es ist oft gar nicht so einfach, solche Zweisamkeit mit seinem Kind im Alltag zu organisieren. Aber solche Zeiten sind von größter Wichtigkeit. In einer Gesellschaft, in der die Menschen immer weniger selbst aktiv sind und weit häufiger zum Zuschauer degradiert werden, sind gemeinsame Aktivitäten und ungeteilte Aufmerksamkeit von ganz besonderer Bedeutung.

In vielen Familien würden die Kinder eher den Fernseher vermissen als ihren Vater. Sie werden zunehmend von Kräften beeinflusst, die außerhalb der Familie ihren Ursprung haben. Sie brauchen deshalb besonders dringend die Zweisamkeit mit Vater und Mutter, um dem entgegenzuwirken. Es macht Mühe, solche Zeiten in unserem Terminkalender unterzubringen. Doch diese Mühe ist eine Investition in die Zukunft – für unsere Kinder und unsere ganze Familie.

Zeit für jedes Kind

Wenn Sie mehr als ein Kind haben, müssen Sie Ihre Zeit aufteilen, denn jedes einzelne braucht Zweisamkeit mit Ihnen. Das ist nicht einfach, aber man kann es schaffen.

Denken wir an Susanna Wesley mit ihren zehn Kindern. Sie hatte für jedes mindestens eine Stunde in der Woche Zeit. Ihre drei Söhne Sam, John und Charles wurden Dichter und Prediger. Und Charles schrieb Choräle, die noch heute gesungen werden. Diese Mutter brachte ihren Kindern nicht nur das Lesen, Schreiben und Rechnen bei, sondern auch gebührliches Benehmen, Ethik und ein bescheidenes Leben zu führen.

In einer Zeit, in der Frauen kaum die Möglichkeit hatten, sich persönlich zu entfalten (sie lebte im England des 18. Jahrhunderts), ließ sie ihrer Tochter Emilia eine umfassende Ausbildung angedeihen. So sagte sie einmal zu ihr: „Die Gesellschaft bietet der Intelligenz ihrer Frauen keine Entfaltungsmöglichkeiten." Emilia wurde später Lehrerin. Wir können zwar nicht alle ihre Vorstellungen von der Kindererziehung gutheißen, aber wir bewundern doch, wie sie es geschafft hat, jedem ihrer vielen Kinder gerecht zu werden und die richtigen Prioritäten zu setzen. Prioritäten – das ist der Schlüssel für diese Liebessprache.

Blickkontakt

Die Art, wie Sie Ihrem Kind in die Augen schauen, ist besonders bedeutsam, wenn Sie mit ihm zusammen sind. Der Blick ist ein starkes Ausdrucksmittel der Liebe. Er schlägt die Brücke von Herz zu Herz. Wissenschaftliche Untersuchungen haben allerdings gezeigt, dass Blickkontakt von Eltern oft nur als Ausdruck von Strenge benutzt wird, wenn sie schelten oder Verboten Nachdruck verleihen wollen.

> Die Art und Weise, wie Sie Ihrem Kind in die Augen schauen, ist ein starkes Ausdrucksmittel der Liebe.

Schauen Sie Ihre Kinder viel öfter einmal liebevoll an, und nicht nur, wenn sie es „verdient" haben. Es ist sonst keine bedingungslose Liebe, die Sie da zum Ausdruck bringen.

Manchmal schauen Eltern ihr Kind längere Zeit nicht an, um es zu strafen. Das ist grausam! Das absichtliche Wegschauen wird von Kindern sofort wahrgenommen und als deutliche Missbilligung interpretiert. Weil dieses Verhalten oft nicht begründet und erklärt wird, richtet es beträchtlichen Schaden an der Seele eines Kindes an.

GEFÜHLE UND GEDANKEN TEILEN

Nicht nur durch Aktivitäten kann man Zweisamkeit erleben. Ganz wichtig ist auch das Zwiegespräch, durch das Sie und Ihr Kind sich immer besser kennenlernen. Wenn Sie mit Ihrem Kind allein sind, ergeben sich oft spontan sehr gute Gespräche über ganz persönliche Dinge.

Professor Phil Briggs, Dozent an der pädagogischen Hochschule von Kalifornien, freut sich darüber, dass das gemeinsame Golfspielen mit seinem Sohn für die Beziehung der beiden so wertvoll ist. „Mein Sohn war früher nicht sehr gesprächig, bis wir anfingen, regelmäßig gemeinsam Golf zu spielen." Natürlich reden die beiden anfangs über das Spiel, doch während sie von einem Loch zum anderen wandern, kommen sie auch auf ganz andere Themen zu sprechen.

Wenn Eltern ihren Kindern ganz praktische Fertigkeiten beibringen – ihnen zeigen, wie man den Ball richtig kickt, das Auto wäscht oder vielleicht sogar, wie man den Abwasch macht –, schaffen sie oft eine Atmosphäre des Vertrauens, in der Kinder ganz nebenbei über ernstere Dinge reden können.

Gute Gespräche

Wenn die Gesprächsatmosphäre gut ist, kann auch der Vater aus seinem Leben berichten. So erzählt er vielleicht, wie es damals war, als er die Mutter seines Sprösslings kennenlernte. Oder die beiden können einmal über Gott und die Welt reden. Solche Gespräche von Mann zu Mann oder von Frau zu Frau tun der Seele eines Kindes gut, weil sie eine Botschaft vermitteln: „Mein Vater hat Vertrauen zu mir. Ich bin ihm wichtig. Er nimmt mich für voll und sieht mich als Gegenüber. Er liebt mich also." Die Mutter könnte erzählen, dass sie sich früher sehr wegen ihres Aussehens gesorgt hat, während ihre Tochter beim Optiker die erste Brille anprobiert. Das schafft Solidarität und verhilft zu der Gewissheit, dass der eigene Wert nicht von äußerlichen Dingen abhängt.

Kinder sind niemals zu alt für vertrauensvolle Gespräche mit den Eltern.

Solch ein Austausch von Gedanken und Gefühlen ist wesentlicher, unerlässlicher Bestandteil unseres Lebens. Wer lernt, auf dieser Ebene zu kommunizieren, der wird das Leben besser meistern – einschließlich seiner Ehe. Er wird es verstehen, Freundschaften zu schließen und durch Kollegialität in der

Berufswelt positiv aufzufallen. Er wird sich auszudrücken wissen und sein Diskussionsstil wird von Toleranz geprägt sein. Er wird anderen zeigen, wie man streiten kann, ohne sich zu zerstreiten.

Weil Kinder durch die Gespräche mit Ihnen mehr lernen, als Sie vermuten, ist es so wichtig, dass Sie solch einen Gedankenaustausch täglich pflegen. Sollten Sie allerdings immer nur dann mit den Kindern reden, wenn es etwas zu bemängeln gibt, werden sie niemals die Erfahrung machen, wie wertvoll positive Aufmerksamkeit für jeden Menschen ist.

Bei kleineren Kindern ist das Gute-Nacht-Sagen der günstigste Augenblick für vertraute Zwiegespräche.

Zu keiner Tageszeit ist ihre Aufmerksamkeit größer. Das mag verschiedene Gründe haben. Sie sind nun nicht mehr so abgelenkt oder aber wollen das Lichtausmachen hinauszögern. Aber der Grund ist nicht so wichtig. Entscheidend ist, dass sie zuhören, und das tut einem sinnvollen Gedankenaustausch immer gut.

Vorlesen und Gespräche

Wohl alle Kinder lieben Geschichten. Eine Gutenachtgeschichte ist immer eine passende Einleitung für das Bettritual. Wichtig ist: Behalten Sie dieses Ritual bei! Das hilft Ihnen, im Gespräch zu bleiben, auch wenn aus Kindern Teenager geworden sind. Machen Sie beim Vorlesen Pausen, oder geben Sie nach der Geschichte Gelegenheit, über das Gehörte nachzudenken und zu reden. So werden sich die Kinder ihrer Gefühle bewusst. Das ist sehr wichtig, weil es heute „in" ist, seine Gefühle nicht wahrhaben zu wollen und immer cool zu bleiben. Deshalb aber gelingt es den jungen Menschen immer weniger, ihr Verhalten zu kontrollieren. Kommt in der Geschichte jemand vor, der tief enttäuscht wird, hat das Kind die Gelegenheit, über seine eigenen Enttäuschungen zu reden. Es kann dann von seiner Trauer und seinen Ängsten erzählen.

Wir legen es Ihnen dringend ans Herz, diese Möglichkeit zum vertrauten Zwiegespräch ausgiebig zu nutzen. Die jungen Menschen von heute haben es oft nicht mehr gelernt, Ordnung in ihre Gefühlswelt zu bringen. Die Folge sind Ausbrüche von Wut und Gewalt oder

die Flucht in Drogen, Perversionen und Anarchie. Eine Medizin gegen all diese Probleme sind die Zwiegespräche auf der Bettkante, die eine gute Gewohnheit sein sollten. Hier kann man entspannen und loswerden, was das Herz schwer macht.

Die entspannte Atmosphäre eines solchen Rituals vor dem Einschlafen scheint so gar nicht in die hektische und schnelllebige Zeit zu passen, in der die meisten von uns Eltern leben. Wer es dennoch versuchen will, der muss neue Prioritäten setzen und sich von der Tyrannei der täglichen Hetze befreien. Seien Sie nicht länger Sklave Ihrer „dringenden" Termine. Auf lange Sicht verliert manches, was heute so dringend erscheint, seine Bedeutung.

Was Sie heute mit Ihren Kindern unternehmen, hat positive Auswirkungen auf ihr späteres Leben.

DIE ZUWENDUNG PLANEN

In den ersten acht Lebensjahren Ihres Kindes können Sie die Zeit mit ihm relativ gut vorplanen, denn das Zentrum seines Lebens sind meistens die eigenen vier Wände. Doch sobald es größer wird und häufiger außer Haus ist, müssen Sie immer mehr darauf achten, dass Zweisamkeit und das Gespräch nicht zu kurz kommen. Das verlangt allerdings auch mehr Planung. Wenn Sie jetzt nicht gegensteuern, fällt das gemeinsame Gespräch immer häufiger aus. Wir möchten Ihnen an dieser Stelle ein paar Tipps für Gegenmaßnahmen geben.

Die Mahlzeiten sind Gelegenheiten zum Gespräch, die man gut einplanen kann.

> Die vertraute Runde am Esstisch gehört wohl zu den Situationen, die am meisten Geborgenheit vermitteln und die familiäre Bindung stärken.

Allerdings kann man immer häufiger beobachten, dass in Familien das Essen einfach auf den Tisch gestellt wird, und dann nimmt sich jeder etwas, wenn er nach Hause kommt. Manche Familien schaffen es wenigstens noch, gemeinsam zu frühstücken. Zum gemeinsamen Mittagessen trifft man sich aber nur noch gelegentlich.

Eine weitere gute Gelegenheit, in aller Ruhe Zeit mit dem Kind zu verbringen, sind Kurzreisen. Thomas und sein Sohn Marc übernachten einmal im Vierteljahr gemeinsam außer Haus. Sie fahren gar nicht weit weg und stellen irgendwo ihr Zelt auf. So haben sie fast zwei Tage, an denen sie ganz ungestört beisammen sein und miteinander reden können. An zwei Abenden in der Woche macht Ellen einen ausgedehnten Spaziergang mit ihrer Zwölfjährigen, während ihr Mann mit dem Sohn das Geschirr abwäscht. So haben Mutter und Tochter und Vater und Sohn Zeit, miteinander zu reden.

Das sind nur zwei Möglichkeiten von vielen. Denken Sie aber immer daran, dass Planung niemals die Spontaneität behindern darf. Sie können jeden Plan verwerfen, wenn Sie das möchten. Aber ganz ohne Planung werden Sie irgendwann feststellen, dass Sie viel zu wenig Zeit mit Ihren Kindern verbringen. Alle möglichen Namen stehen auf Ihrem Terminkalender – warum nicht auch die Ihrer Kinder? Sie werden es zu schätzen wissen, wenn die Zeit mit Sohn und Tochter für Sie so wertvoll ist, dass Sie anderen dafür einen Korb geben. Und durch Ihre Planung lernen die Kinder noch ganz nebenbei, wie man seine Zeit sinnvoll einteilt.

Zur Vorbereitung auf solche gemeinsam verbrachten Zeiten genügt es aber nicht nur, eine Eintragung im Terminkalender zu machen. Man muss sich auch innerlich darauf einstellen. Wenn Sie nach einem Tag voller Stress heimkommen, müssen Sie den erst einmal verarbeiten. Sie müssen erst den Kopf wieder frei haben, bevor Sie sich ganz Ihrer Familie widmen. Manche machen dies, indem Sie bereits auf dem Heimweg Ihre Lieblingsmusik im Auto hören. Ein Freund von uns fährt, bevor er zu Hause ankommt, an den Straßenrand, um ein paar Minuten zu beten. Probieren Sie aus, was Sie am schnellsten entspannt, damit Sie zu Hause wieder Energie für Ihre Kinder haben.

Wenn Sie auf dem Heimweg keine Gelegenheit haben, sich zu entspannen, dann sollten Sie und Ihre Frau darauf bedacht sein, sich eine Weile zurückzuziehen, bevor Sie sich Ihren Kindern zuwenden. Vielleicht reicht es ja schon, sich bequemere Sachen anzuziehen, sich eine Cola aus dem Kühlschrank zu holen oder einen kleinen Rundgang im Garten zu machen. Je erholter Sie sind, desto uneingeschränkter können Sie sich Ihrer Familie widmen.

WENN DIE MUTTERSPRACHE DER LIEBE IHRES KINDES ZWEISAMKEIT IST

Über eins müssen Sie sich im Klaren sein: Wenn Sie Ihrem Kind nicht genügend Aufmerksamkeit schenken und ausreichend Zeit mit ihm verbringen, dann wird es niemals wirklich sicher sein, ob Sie es auch lieben.

Alan war Feuerwehrmann. Er arbeitete 48 Stunden und hatte dann 24 Stunden frei. An den Tagen mit Bereitschaftsdienst blieb er die ganze Zeit in der Wache. Und an den freien Tagen verdiente er sich noch durch Malerarbeiten etwas hinzu. Seine Frau Helen arbeitete als Nachtwache im Krankenhaus, sodass sie tagsüber schlafen musste. Wenn beide nachts nicht zu Hause waren, schlief die Großmutter bei Jonathan und Debora, die damals acht und sechs Jahre alt waren.

Irgendwann fiel den Eltern auf, dass Jonathan sich merkwürdig benahm. Er wirkte oft geistesabwesend und irgendwie verstört. Helen erzählte ihrer Freundin: „Selbst wenn wir versuchen, ihn in ein Gespräch zu verwickeln, bringt er kaum einen Ton heraus. Früher war er dagegen sehr gesprächig.

Bevor er eingeschult wurde und ich noch die ganze Zeit zu Hause war, sind wir fast jeden Nachmittag in den Park gegangen. Er redete und redete. Ein richtig aufgewecktes Kind war er. Inzwischen hat er sich so verändert, und ich frage mich, was da schiefgelaufen ist. Alan ist das gar nicht groß aufgefallen, weil er eh kaum Zeit mit ihm verbracht hat. Aber ich sehe den Unterschied ganz deutlich."

Helens Freundin Rosie hatte gerade *Die fünf Sprachen der Liebe* gelesen und erinnerte sich an das Kapitel über die Liebessprachen bei Kindern. Sie gab Helen das Buch. Zwei Wochen später berichtete Helen: „Ich habe das Buch gelesen und ich glaube, dass ich jetzt Jonathans Muttersprache der Liebe kenne. Ich dachte daran, wie sehr er es genoss, wenn wir zusammen im Park waren. Damals redete er manchmal wie ein Buch und er war richtig ausgelassen. In den letzten zwei Jahren aber ist er wahrscheinlich ohne meine Liebe am Verdursten gewesen. Ich habe ihn ansonsten mit allem versorgt, aber emotional ist er sicher oft zu kurz gekommen."

Die beiden Freundinnen überlegten gemeinsam, wie Helen mehr Zeit für Jonathan erübrigen konnte. Da der Nachmittag und der frühe Abend zu ihrer freien Verfügung standen, hatte sie bisher diese Zeit für die Hausarbeit, für Einkäufe und gelegentlich für einen Bummel mit ihrer Tochter genutzt. Ganz selten ging sie abends mit ihrem Mann aus. Jonathans Hausaufgaben hatte sie allerdings immer beaufsichtigt. Helen kam nach reiflicher Überlegung zu dem Schluss, dass sie durch gute Planung zweimal in der Woche eine Stunde nur für ihren Sohn herausschlagen könnte. „Vielleicht gehen wir wieder in den Park, wie wir es früher immer gemacht haben, und ich kann an die schönen Erinnerungen wieder anknüpfen."

Drei Wochen später erzählte Helen ihrer Freundin: „Es funktioniert! Seit wir uns letztens getroffen haben, sind Jonathan und ich jede Woche zweimal im Park gewesen. Und er verhält sich mir gegenüber wieder ganz anders. Als ich ihm den Vorschlag machte, wieder in den Park zu gehen, war er zunächst nicht sonderlich begeistert. Doch schon als wir nach dem ersten Besuch von dort zurückkehrten, begann der alte Jonathan in ihm wieder zu erwachen. Wir entschlossen uns, an einem Nachmittag in der Woche in den Park zu gehen und an dem anderen in die Eisdiele. Jonathan ist inzwischen wieder recht gesprächig geworden. Ich merke, dass ihm die gemeinsame Zeit mit mir guttut.

„Übrigens habe ich Alan gebeten, auch einmal das Buch von dir zu lesen“, fügte sie noch hinzu. „Auch wir beide müssen wohl lernen, die Liebessprache des anderen mehr zu sprechen. Ich denke, dass Alan von Natur aus nicht gesprächig ist. Aber vielleicht kommt wenigstens dabei heraus, dass er erkennt, wie wichtig es auch für ihn wäre, mehr Zeit mit Jonathan zu verbringen.“

WAS DIE KINDER SAGEN

Es folgen ein paar Zitate von Kindern, deren Liebessprache eindeutig die Zweisamkeit ist:

Die achtjährige Rosi erzählt und ihre Augen funkeln dabei: „Ich weiß, dass meine Leute zu Hause mich lieben, weil sie sich ganz viel mit mir beschäftigen. Wir machen ganz viel zusammen. Mein kleiner Bruder ist dann auch dabei." Auf die Frage, was man denn so unternehme, antwortet sie: „Papa hat mich neulich zum Angeln mitgenommen. So richtig Spaß macht mir das ja nicht, aber ich bin eben gern mit Papa zusammen. Mutti und ich sind dann einen Tag nach meinem Geburtstag in den Zoo gegangen. Am liebsten bin ich immer im Affenhaus. Einer hat gerade eine Banane gegessen. Das sah lustig aus."

Berti ist zwölf. „Ich weiß, dass Papa mich liebt, weil er Zeit für mich hat. Wir unternehmen viel zusammen. Er hat ein Abo für das Fußballstadion und wir verpassen kein Spiel. Meine Mutter liebt mich sicher auch. Aber wir können nicht so viel zusammen machen, weil sie sich oft nicht wohlfühlt."

Der zehnjährige Frank sagt: „Meine Mutter liebt mich bestimmt. Sie ist jedes Mal dabei, wenn ich mit meiner Mannschaft ein Spiel habe. Danach gehen wir dann immer essen. Bei Papa bin ich mir nicht so sicher. Gesagt hat er es ja immer. Aber er hat uns verlassen. Und deshalb sehe ich ihn überhaupt nicht mehr."

Marion, sechzehn, erzählt: „Woher ich weiß, dass meine Eltern mich lieb haben? Hauptsächlich, weil sie immer für mich da sind. Ich kann mit ihnen über alles reden. Und ich weiß, dass sie mich verstehen und alles tun, um mir zu helfen, kluge Entscheidungen zu treffen. Ich werde sie schrecklich vermissen, wenn ich in ein paar Jahren aufs College gehe. Aber auch dann werden sie für mich da sein."

Für alle Kinder, die sich ganz besonders nach der Zuwendung ihrer Eltern sehnen, ist die Zeit, in der man sich ihnen widmet, ein Geschenk. Ungeteilte Aufmerksamkeit ist für sie die Garantie, dass sie geliebt werden.

!

Jeder Augenblick, den Sie mit Ihren Kindern bewusst verbringen, wird ein Leben lang als schöne Erinnerung im Gedächtnis gespeichert sein.

Sie möchten doch, dass Ihre Kinder Erinnerungen an die Zeit im Elternhaus mitnehmen, die ihnen zum Segen werden. Diese Erinnerungen werden schön sein, wenn der Liebestank immer voll gewesen ist. Sie als Eltern haben die Chance, Ihren Kindern Erlebnisse zu schenken, die später in der Erinnerung froh stimmen und dazu beitragen, dass sie als ausgeglichene Menschen ein glückliches Leben führen.

4 | Sprache der Liebe Nummer 3: Geschenke, die von Herzen kommen

Als wir die zehnjährige Rachel fragten, warum sie so sicher sei, dass ihre Eltern sie lieben, antwortete sie: „Kommen Sie in mein Zimmer, dann zeige ich es Ihnen.“ Dort angekommen, deutete sie auf einen riesigen Teddybär. „Sie haben ihn mir aus Kalifornien mitgebracht.“ Dann nahm sie einen Clown ganz aus weichem Stoff in die Hand und erzählte: „Den habe ich zur Einschulung bekommen. Und dieser süße kleine Affe ist ein Mitbringsel von einer Reise zu ihrem Hochzeitstag.“ Sie fuhr fort, uns noch viele solcher „Mitbringsel“ zu zeigen, die sie alle in den letzten Jahren von ihren Eltern geschenkt bekommen hatte. Jedes hatte seinen ganz besonderen Platz und war für sie ein Symbol der Liebe ihrer Eltern.

> **!** Geschenke können sehr deutliche Liebesbeweise sein.

Sie bekunden Zuneigung im Augenblick der Übergabe, oft aber auch noch viele Jahre danach. Geschenke, die mit Sorgfalt ausgesucht werden, sind Symbole der Liebe und damit maßgeblicher Bestandteil einer unserer Liebessprachen. Allerdings ist das Geschenk für sich genommen nicht ausreichend, um den Liebestank gefüllt zu halten. Das Kind muss auch durch andere Gesten seiner Eltern das Gefühl bekommen, geliebt und umsorgt zu sein. Aus diesem Grund dürfen die anderen vier Liebessprachen nicht vernachlässigt werden.

Der Liebestank des Kindes muss gefüllt sein, wenn ein Geschenk wirklich als Liebesbeweis verstanden werden soll.

Erst in der Kombination mit allen anderen Sprachen der Liebe ist das gewährleistet.

Julie erzählte, wie die Kenntnis von den Liebessprachen ihr half, das Verhalten ihrer zwei Töchter besser zu verstehen.

„Mein Mann und ich sind häufig geschäftlich auf Reisen. Dann sind die beiden Mädchen bei ihrer Großmutter. Unterwegs kaufe ich immer etwas für sie. Mary freut sich jedes Mal viel deutlicher als Meggie über die Geschenke. Sie macht Luftsprünge, ist begeistert und furchtbar gespannt, wenn wir auspacken. Gleich danach sucht sie eine geeignete Stelle in ihrem Zimmer, um das neue Stück dort aufzustellen. Und wir sollen dann gucken kommen. Wenn ihre Freundinnen kommen, müssen sie gleich ihre neueste Errungenschaft bewundern."

Meggie dagegen bedankt sich zwar auch artig für das Geschenk, aber ihr ist in dem Augenblick viel wichtiger zu hören, was die Eltern erlebt haben. „Meggie will alles haarklein erzählt bekommen", berichtet Julie. „Sie scheint alles begierig aufzusaugen, was wir erzählen. Mary dagegen stellt kaum Fragen. Sie interessiert nur am Rande, wo wir waren und was wir erlebt haben."

Auf die Frage, was Julie mit ihren neuen Erkenntnissen nun anders machen wolle, antwortete sie: „Ich werde auch weiterhin meinen Mädchen Geschenke mitbringen, weil mir das Spaß macht. Aber ich bin nicht mehr gekränkt, wenn Meggie nicht so euphorisch reagiert wie Mary. Das hat mir früher immer viel ausgemacht, weil ich dachte, Meggie sei ein ganz schön undankbares Kind. Inzwischen ist mir klar, dass unsere Gespräche für Meggie die gleiche Bedeutung haben wie für Mary die Geschenke. Mein Mann und ich bemühen uns jetzt, Meggie nach unserer Ankunft mehr Zuwendung und Aufmerksamkeit zu schenken – aber natürlich nicht nur dann. Andererseits versuchen wir auch, Mary die Liebessprache der Zweisamkeit und Meggie die Sprache des Schenkens zu lehren. Wir hoffen, dass das für beide gut ist."

DIE GNADE DES GEBENS

Das Schenken ist ein Phänomen, das es zu allen Zeiten gegeben hat und das in allen Kulturen zu finden ist. Im Griechischen gibt es ein Wort (charis), das sowohl „Gnade" als auch „Liebesgabe, Geschenk" bedeuten kann. Diese begriffliche Verquickung macht sehr schön deutlich, was ein Geschenk im Grunde ist: Es ist eine unverdiente Gabe und kein Lohn für geleistete Arbeit. Damit aber ist es als Ausdruck von Zuneigung eine freiwillige Leistung. So sollte es zumindest sein. Längst nicht immer ist ein Geschenk eine Gabe ungeheuchelter Zuneigung. Gerade in der Geschäftswelt sind Geschenke oft Gegenleistungen für Gefälligkeiten oder ein Bestechungsversuch in der Hoffnung, einen Wettbewerbsvorteil zu erlangen. Es geht nicht so sehr darum, dem Empfänger durch den Gegenstand an sich eine Freude zu machen, sondern sich für eine erbrachte oder noch zu erbringende Leistung erkenntlich zu zeigen.

Dieselbe Unterscheidung muss man auch im Privatbereich vornehmen, wenn Eltern ihren Kindern etwas schenken.

Wenn man einem Kind eine Überraschung mitbringt, weil es sein Zimmer aufgeräumt hat, dann ist das im Grunde kein Geschenk, sondern der Lohn für eine Leistung.

Wird eine Eistüte spendiert, damit das Kind schön ruhig ist, dann ist das Bestechung, um das Kind zu manipulieren, aber kein Geschenk. Möglicherweise kennt das Kind die Wörter *Lohn* und *Bestechung* noch gar nicht, aber es durchschaut durchaus, was wir tun.

Manchmal haben Eltern, die ihre Kinder wirklich lieben, die besten Absichten, aber wenn sie die persönliche Liebessprache ihres Kindes nicht beachten, kommt es zu Missverständnissen. Ein Kind, das sich nicht wirklich geliebt fühlt, kann ein Geschenk falsch deuten und argwöhnen, es sei mit Hintergedanken verbunden.

Eine Mutter, die gerade sehr unter Stress stand und Probleme mit ihrem Sohn hatte, kaufte ihm einen neuen Baseball. Später fand sie ihn in der Toilette.

„Jason, was macht denn der Ball in der Toilette? Magst du ihn denn nicht?"

„Tut mir leid", war die einzige Reaktion.

Am nächsten Tag fand sie den Ball im Mülleimer. Wieder fragte sie ihren Sohn nach dem Ball. Er schaute zu Boden und murmelte: „Entschuldigung."

Später lernte die Mutter dann, Jasons Liebestank gefüllt zu halten. Besonders abends setzte sie sich auf seine Bettkante und sie redeten miteinander. Schon bald veränderte sich Jasons Verhalten. Ein paar Wochen später schenkte sie ihm einen Baseballschläger. Diesmal umarmte Jason seine Mutter und lächelnd sagte er: „Danke, Mutti!"

Jason ist ein typisches Beispiel für allzu brave Kinder mit leerem Liebestank. Sie reden nicht offen über ihren Kummer und ihre Bedürfnisse, höchstens in Andeutungen. Die Zurückweisung von Geschenken ist ein typisches Verhalten von Kindern, die eigentlich an die Tankstelle müssten.

GESCHENKE OPTIMAL EINSETZEN

Wenn Geschenke eine Liebesgabe sind, dann spielen Größe und Preis keine Rolle. Was allein zählt, ist die Liebe. Vielleicht können auch Sie sich noch an Berichte Ihrer Eltern oder Großeltern über die Weihnachtsfeste in den Kriegswintern erinnern. Man war damals mit ein paar praktischen Dingen vollauf zufrieden. Für uns heute darf es längst nicht immer nur etwas Praktisches sein. Uns geht es in erster Linie darum, den Kindern etwas Schönes zukommen zu lassen. Aber wenn wir ein Geschenk wirklich als Ausdruck unserer Zuneigung überreichen wollen, sollten wir darauf achten, dass es immer etwas Besonderes bleibt. Wenn wir nämlich lieblos einkaufen und ohne innere Beteiligung überreichen, halten unsere übersättigten Kinder dies bald für eine Selbstverständlichkeit. Sie glauben ja ohnehin schon, dass ihnen alles zusteht.

! Ein Geschenk sollte immer etwas Besonderes bleiben.

Hier nun einige Anregungen, wie man aus einem gewöhnlichen Geschenk eine Liebesgabe macht. Packen Sie den neuen Pulli für die Schule in ausgefallenes Geschenkpapier ein und überreichen Sie ihn in gemütlicher Runde, wenn Sie alle um den Esstisch sitzen. Das Auspacken von Geschenken ist immer eine spannende Sache für Kinder, und Sie können damit zeigen, dass jedes Geschenk, sei es etwas Praktisches oder etwas zum Spielen, immer ein Ausdruck Ihrer Zuneigung ist.

Eine Warnung an alle Eltern, die ihren Kindern Spielzeug schenken wollen: Wer Spielzeug kauft, muss mit Bedacht vorgehen. Die Fülle des Angebots macht es notwendig, dass wir auswählen. Dieses Überangebot ist Folge der Werbekampagnen im Fernsehen, die den Kindern ein begehrenswertes Spielzeug nach dem anderen vorführen und damit Begehrlichkeiten wecken, die zwei Sekunden vorher noch gar nicht existierten (und wenn man Glück hat, am nächsten Tag vergessen sind). In der Zwischenzeit aber sind unsere Kinder felsenfest davon überzeugt, dass sie ohne dieses oder jenes Spielzeug nicht mehr existieren können.

Lassen Sie sich nicht von der Werbung vorschreiben, was Sie für Ihre Kinder kaufen. Schauen Sie sich die Sachen gründlich an. Und fragen Sie sich z. B.: Was wird mein Kind mit diesem Spielzeug anfangen können? Würde es mich selber ansprechen oder stößt es mich irgendwie ab? Welche Erfahrungen werden meine Kinder damit machen? Was lernen sie beim Spiel? Ist es von der Konzeption her positiv oder negativ? Wie haltbar und stabil ist es? Wie lange werden die Kinder Freude daran haben? Wird es nur eine kurze Freude sein oder werden die Kinder lange damit spielen? Können wir uns die Anschaffung überhaupt leisten?

Nicht jedes Spielzeug muss einen erzieherischen Wert haben, aber es sollte doch immer eine positive Ausstrahlung auf das Leben unserer Kinder haben. Hüten Sie sich vor dem Kauf komplizierter High-Tech-Spielsachen. Durch diese werden Kinder oft mit Werten konfrontiert, die den Vorstellungen in der eigenen Familie zuwiderlaufen. Sie bekommen ja schon genug über das Fernsehen, bei Nachbarn und im Freundeskreis mit.

SCHENKEN AUS FALSCHEN MOTIVEN

Seien Sie auf der Hut! Wir sind schnell dabei, als Ersatz für andere Liebessprachen Kinder mit Geschenken zu überhäufen. Eltern neigen dazu, Präsente statt Präsenz anzubieten. Ein Geschenk ist schnell besorgt und übergeben, aber Zuwendung kostet Mühe. Anderen Eltern fehlt die Zeit, die Geduld oder das Wissen, um ihren Kindern das zu geben, was sie wirklich brauchen. Sie lieben ihre Kinder zwar, aber sie verstehen es nicht, ihnen wahre Geborgenheit zu schenken.

In unserer hektischen Überflussgesellschaft, in der die Väter erst kurz vor dem Zubettgehen der Kinder nach Hause kommen und viele Mütter berufstätig sind, entstehen besondere Schuldgefühle. Um einen Ersatz für die mangelnde Zuwendung anzubieten, übertreiben manche Eltern maßlos mit ihren Geschenken. Für sie ist Schenken ein Allheilmittel gegen ihren außer Kontrolle geratenen Lebensstil.

SCHENKEN, UM SICH LIEBE ZU KAUFEN

Dieser Missbrauch des Schenkens kommt oft bei getrennt lebenden Eltern vor, bei denen nur einer das Sorgerecht für das Kind hat. Wer von der Erziehung ausgeschlossen worden ist, ist oft versucht, seinen Sohn oder seine Tochter mit Geschenken zu überhäufen, um den Trennungsschmerz zu überdecken oder um das eigene schlechte Gewissen zu beruhigen. Wenn solche Geschenke überzogen teuer und lieblos ausgesucht sind und als Maß für die Zuneigung des abwesenden Elternteils herhalten müssen, dann sind sie Mittel der Bestechung und dienen dem Versuch, sich die Liebe des Kindes zu erkaufen. Sie können allerdings auch unbewusst dazu dienen, sich dem verlassenen Ehepartner wieder zu nähern. Kinder, die solche falsch motivierten Geschenke bekommen, durchschauen irgendwann die Absicht. Sie erkennen intuitiv, dass der Vater oder die Mutter materielle Dinge als Liebesersatz anbietet. Und das nehmen sie sich dann als Vorbild. Sie selbst werden materialistisch orientiert, weil sie lernen, dass man menschliche Gefühle mit Geschenken manipulieren kann. Das sind dann die Charakterschäden, die solch ein Verhalten bei den Kindern hinterlässt. Wir denken da an Susan, die ganz allein ihre drei Kinder großziehen musste.

PRAXISBEISPIEL

Sie war schon drei Jahre von Charles, ihrem Mann, geschieden, der inzwischen mit seiner zweiten Frau ein luxuriöses Leben führte. Susan und die Kinder kamen finanziell gerade so über die Runden, und deshalb konnten es die drei immer kaum abwarten, ihren Vater zu besuchen. Lisa, Charley und Ann, die damals fünfzehn, zwölf und zehn waren, besuchten ihren Vater zweimal im Monat. Er machte dann kostspielige Ausflüge mit ihnen. Sie fuhren Ski oder machten ausgedehnte Bootsfahrten. Kein Wunder, dass sie sich jedes Mal auf die Besuche bei ihm freuten. Es war immer ein Riesenspaß. Zu Hause, so beklagten sie sich zunehmend, sei es dagegen immer ziemlich öde und langweilig. Sie kehrten oft mit teuren Geschenken heim und waren besonders in den ersten Tagen nach solch einem Besuch Susan gegenüber unfreundlich und abweisend. Charles brachte sie gegen ihre Mutter auf, indem er seinerseits versuchte, ihre Zuneigung zu gewinnen. Ihm war dabei gar nicht bewusst, dass sie ihn eines Tages dafür verachten könnten, wenn sie begreifen würden, dass er sie im Grunde nur manipulierte.

Glücklicherweise gelang es Susan, Charles zu einer gemeinsamen seelsorgerlichen Therapie zu überreden, um ihr Verhalten den Kindern gegenüber besser abzustimmen. Das bedeutete zuallererst, sich so weit auszusöhnen, dass kein gegenseitiger Groll mehr bestand. Nur so konnten sie zusammenarbeiten, um die emotionalen Bedürfnisse ihrer Kinder besser zu stillen. Während dieser Seelsorge wurden beide geschulte Tankwarte, die es immer besser verstanden, die Liebestanks ihrer Kinder zu füllen. Als sich Charles im Umgang mit seinen Kindern aller fünf Liebessprachen bediente und lernte, das Schenken als eine dieser Sprachen der Liebe einzusetzen und nicht mehr zur Manipulation, bekam dies den Kindern großartig. Es ist zwar nicht selbstverständlich, dass geschiedene Eltern zum Nutzen ihrer Kinder so gut zusammenarbeiten. Aber der Versuch ist lohnenswert.

EIN UNAUFGERÄUMTER SPIELWARENLADEN

Das Schenken verliert auch dann seinen Sinn, wenn Eltern die Zimmer ihrer Kinder mit Spielzeug vollstopfen, obwohl diese durch andere Liebessprachen längst zufriedengestellt sind. Solch ein Kinderzimmer sieht dann wie ein unaufgeräumter Spielwarenladen aus. Wenn auf diese Weise übertrieben wird, verliert das einzelne Geschenk völlig seine Bedeutung. Das Kind hat mehr Spielzeug, als es emotional verkraften kann. Schließlich büßt auch jedes weitere Schenken seine Symbolwirkung ein und das Kind verliert jeden inneren Bezug dazu. Die Spielsachen werden nun zur Last, denn die Eltern erwarten schließlich, dass dieser Wust auch noch in Ordnung gehalten werden soll.

Wer sein Kind mit zu viel Spielzeug überhäuft, der kann auch gleich in einen Spielwarenladen gehen und zu seinem Sohn oder seiner Tochter sagen: „Such dir aus, was dir gefällt.“

Für Spielzeug gilt: Weniger ist oft mehr.

Das Kind wird einen Augenblick wie aus dem Häuschen sein, doch dann wird es kopflos hin und her laufen und letztlich hilflos dastehen. Gutes Spielzeug soll dem Kind beibringen, sich ganz auf eine Sache zu konzentrieren und auch noch viel Spaß dabei zu haben. Dafür ist weniger oft mehr. Das müssen Eltern und alle Anverwandten beherzigen, wenn sie Geschenke auswählen, die vielleicht keine Begeisterungsstürme auslösen, aber dafür umso mehr Freude machen.

DIE KINDER FRAGEN, WAS SIE BRAUCHEN

Außer zu Weihnachten und zum Geburtstag sollten Geschenke viel öfter von Eltern und Kindern gemeinsam ausgesucht werden. Das gilt vor allem für größere Kinder, die schon mehr Mitspracherecht bei Kleidung und anderen persönlichen Dingen fordern. Man wird ihnen nicht jeden Wunsch erfüllen können, aber es ist immer von Vorteil, ihre Vorlieben und ihren Geschmack zu berücksichtigen. Dabei ist es auch wichtig herauszubekommen, ob es sich im Einzelfall um einen spontanen Einfall oder um einen langfristig gehegten Wunsch handelt. Man sollte möglichst Geschenke machen, die sich die Kinder wirklich wünschen.

Denken Sie daran: Geschenke müssen längst nicht immer nur im Geschäft erworben werden. Beim Spaziergang in der Natur findet man so manches interessante Stück am Wegesrand liegen. Selbst eine Blume, ein auffällig geformter Stein oder ein Stück knorriges Treibholz kann, phantasievoll eingepackt, eine nette Überraschung sein. Auch alltägliche Dinge aus dem Haushalt können zu Geschenken verarbeitet werden. Für kleine Kinder hat Geld noch keine Bedeutung. Deshalb spielt es für sie keine Rolle, ob ein Geschenk gebastelt oder gekauft worden ist. Wenn es zum phantasievollen Spiel anregt, wird es froh angenommen, und dann ist es ein Ausdrucksmittel Ihrer Zuneigung.

ELLENS RING

Wir haben schon darüber gesprochen, dass Kinder manchmal auf Geschenke im Augenblick der Übergabe wenig enthusiastisch reagieren. Doch es kommt durchaus vor, dass sie das Stück Jahre später um so mehr schätzen. Ein Vater machte genau diese Erfahrung, viele Jahre nachdem seine Tochter ein Geschenk von ihm unbeachtet beiseitegelegt hatte.

PRAXISBEISPIEL

Nach einer Auslandsreise hatte Volker seiner zwölfjährigen Ellen einen Ring mitgebracht. Sie zeigte kaum Interesse daran und legte ihn in irgendeine Schublade ihrer Kommode.

Volker war enttäuscht, vergaß aber die Angelegenheit schon bald. In der Pubertät bereitete Ellen ihren Eltern viel Kummer. Es wurde irgendwann so schlimm, dass sich Volker um ihre Zukunft Sorgen machte. Selbst als Ellen ihr Verhalten änderte und vernünftiger wurde, war Volker immer noch skeptisch. Er war sich nicht sicher, ob sie es ernst meinte, und dieses Misstrauen machte es beiden schwer, aufeinander zuzugehen und wieder die Innigkeit herzustellen, nach der sie sich im Grunde beide sehnten.

Doch eines Tages entdeckte Volker den Ring an Ellens Finger, den er ihr vor Jahren geschenkt hatte, damals, als noch alles in Ordnung zwischen ihnen gewesen war. Volker war ganz gerührt, als ihm bewusst wurde, dass dies eine Botschaft seiner Tochter an ihn war: Sie hatte sich wieder gefangen, und deswegen konnte er ihr wieder vertrauen.

Als Volker seine Tochter fragte, ob es das war, was sie ihm sagen wolle, bekannte sie: „Ich möchte dein Vertrauen wiedergewinnen." Die beiden fielen sich in die Arme und Ellen war fortan wieder ein verträgliches junges Mädchen.

Diese kleine Geschichte zeigt, wie symbolträchtig ein Geschenk werden kann. Ellen hätte wahrscheinlich diese schlimme Zeit gar nicht durchmachen müssen, wenn ihre Eltern schon früher für einen vollen Liebestank gesorgt hätten. Mit einem solchen gefüllten Liebestank hätte sie den Ring damals mit der gleichen positiven Einstellung annehmen können, mit der er ihr vom Vater überreicht worden war.

WENN FÜR IHR KIND GESCHENKE DIE MUTTERSPRACHE DER LIEBE SIND

Die meisten Kinder freuen sich über Geschenke, doch für manche sind sie die Muttersprache der Liebe. Vielleicht meinen Sie aus eigener Erfahrung, dass alle Kinder diese „Muttersprache" sprechen. Bettelt nicht jedes Kind um Geschenke? Es stimmt natürlich, dass alle Kinder – und auch wir Erwachsenen – nie genug bekommen können. Doch diejenigen, deren Liebessprache die Geschenke sind, reagieren ganz anders, wenn sie eins bekommen.

Kinder mit dieser Liebessprache messen dem Geschenk eine tiefere Bedeutung bei. Deshalb wollen sie es meist liebevoll eingepackt überreicht bekommen. Das alles gehört zu einem Ritual, das Ausdruck von Zuneigung für sie ist. Sie schauen sich zunächst das Papier an und äußern ihre Freude über die schöne Schleife. Mit großem Hallo wird dann ausgepackt. Sie rufen: „Oooh" und „Uii" und sind fürchterlich aufgeregt. Schon das Auspacken scheint ihnen große Freude zu bereiten. Alle schauen mit gespannter Aufmerksamkeit zu und sie sind für den Augenblick der Mittelpunkt. Denken Sie daran, dass das für alle diese Kinder der eindeutigste Beweis Ihrer Liebe ist. Nichts spricht für sie eine deutlichere Sprache. Das Geschenk kommt von Ihnen und ist in dem Augenblick der Überbringer Ihrer Zuneigung. Und deshalb sollten Sie auch anwesend sein. Ist das Geschenk einmal ausgewickelt, wird das Kind Sie umarmen und Ihnen überschwänglich seinen Dank ausdrücken.

> Wenn wir Kinder beschenken, kann schon das Auspacken große Freude bereiten. Das Geschenk ist in diesem Augenblick der Überbringer unserer Zuneigung.

Das Geschenk wird in den allermeisten Fällen einen Ehrenplatz im Zimmer bekommen, wo es jedem stolz gezeigt werden kann. Das Kind wird es seinen Freunden vorführen und auch Ihnen in den nächsten Tagen immer wieder zeigen. Es hat einen ganz besonderen Platz in seinem Herzen erobert, weil es ein sichtbares Zeichen Ihrer Zuneigung ist. Wenn diese Kinder ein solches Geschenk anschauen, erinnert es sie daran, dass sie geliebt werden. Dabei ist es unbedeutend, ob es selbst gemacht, gefunden oder gekauft worden ist. Wichtig ist nur, dass Sie offensichtlich an Ihr Kind gedacht haben.

WAS DIE KINDER SAGEN

Die folgenden Kommentare von Kindern zeigen, dass für sie Geschenke ganz besondere Ausdrucksmittel der Liebe sind.

Frankie, fünf, unterhielt sich mit seiner Oma, nachdem er zum ersten Mal für zwei Tage im Kindergarten gewesen war: „Meine Erzieherin hat mich lieb, Oma. Guck mal, was sie mir geschenkt hat.“ Er hielt ihr ein blaues Lineal entgegen, auf dem große Zahlen gedruckt waren. Es war für ihn ein Liebesbeweis seiner Erzieherin.

Michaela, fünfzehn, wurde gefragt, woher sie wisse, dass ihre Eltern sie lieben. Ohne nachdenken zu müssen, deutete sie auf alles, was sie gerade trug, auf Bluse, Rock und Schuhe. Dann sagte sie: „Alles, was ich anhabe, ist von ihnen. Das ist für mich Liebe. Sie versorgen mich nicht nur mit dem Nötigsten, sondern schenken mir viel mehr dazu. Ich kann sogar meinen Freundinnen etwas davon abgeben, deren Eltern sich all das nicht leisten können.“

Chris, achtzehn, sollte in ein paar Wochen sein Studium in einer anderen Stadt beginnen. Auf die Frage, wie sehr er sich von seinen Eltern geliebt fühle, antwortete er ohne Zögern: „Sehr! Sehen Sie den Schlitten dort?“ Dabei deutete er auf eine rote Honda. „Die haben mir meine Eltern geschenkt. Ich habe das eigentlich nicht verdient, weil ich mich auf dem Gymnasium nicht allzu sehr angestrengt habe. Trotzdem wollten sie mich spüren lassen, wie stolz sie auf mich sind. Dieses Motorrad ist Ausdruck ihrer Zuneigung und Liebe.

So waren meine Eltern schon immer. Sie haben immer für alles gesorgt, was ich gerade brauchte: Utensilien für den Sport und Klamotten für die Schule, eben alles. Sie sind die großzügigsten Menschen, die ich kenne. Wenn ich jetzt woanders mein Studium beginne, werde ich sie sicher sehr vermissen.“

Für diese Kinder sind Geschenke mehr als tote Gegenstände. Sie sind der fassbare Ausdruck von Liebe. Deshalb ist es für sie auch immer besonders tragisch, wenn solch ein Geschenk irgendwann zerstört wird oder verloren geht. Ein emotionales Desaster aber ist es, wenn der, der es einst schenkte, es wieder an sich nimmt oder in einem Wutanfall äußert: „Es tut mir leid, dass ich dir das mal geschenkt habe!" Die Muttersprache der Liebe ist dann voller Missklänge und das bedeutet großes Leid für solch ein Kind.

Vielleicht wissen Ihre Kinder heute noch nicht zu schätzen, was Sie ihnen alles zukommen lassen, auch wenn ihr Liebestank gefüllt ist. Doch wenn sie älter werden und heranwachsen, schauen sie zurück und erkennen dann, dass Ihre elterliche Liebe und stetige Zuneigung das größte Geschenk von allen war.

5 | Sprache der Liebe Nummer 4: Hilfsbereitschaft

PRAXISBEISPIEL

Wolfgang hat gerade seine erste Arbeitsstelle angetreten und im nächsten Sommer möchte er gern heiraten. Auf seine Kindheit angesprochen, erzählt er: „Das, was mir am stärksten das Gefühl gab, von meinen Eltern wirklich geliebt zu werden, war ihr unermüdlicher Einsatz für mein Wohlergehen. Jeden Tag hat unsere Mutter ein schönes Essen auf den Tisch gebracht, obwohl sie berufstätig war. Und mein Vater half mir, wo es ging. Ich weiß noch, wie wir die alte Schrottkiste reparierten, die wir zusammen gekauft hatten, als ich sechzehn war."

Der junge Mann erinnert sich noch weiter: „Ob es kleine Handreichungen oder große Gefälligkeiten waren – immer standen sie mir zur Seite. Das ist mir heute bewusster als damals, aber bereits damals wusste ich, dass sie alles taten, um mir zu helfen. Und dafür war ich dankbar. Ich hoffe, dass ich diese Art einmal an meine Kinder weitergeben kann."

Es gibt Menschen, für die ist der Dienst am Nächsten die Muttersprache der Liebe. Auch wenn Ihr Kind es vielleicht noch nicht begreift, aber Mutter und Vater sind zusammen in vielerlei Hinsicht ein Dienstleistungsunternehmen. An dem Tag, an dem Sie erfuhren, dass sich Nachwuchs einstellen wird, haben Sie Ihren Arbeitsvertrag unterschrieben. Er wurde für mindestens 18 Jahre abgeschlossen – mit dem Vorbehalt, auch noch ein paar Jahre danach auf Abruf zur Verfügung stehen zu müssen.

Als dienstverpflichtete Eltern haben Sie sicher schon bald ein entscheidendes Merkmal dieser Liebessprache erkannt: Dienen ist anstrengend – körperlich und seelisch. Deshalb müssen wir Eltern auch sorgsam mit unseren Kräften haushalten. Um körperlich gesund zu bleiben, müssen wir ausreichend schlafen, uns gesund ernähren und uns körperlich fit halten. Für die seelische Stabilität sind Frieden mit sich selbst und eine solidarische Ehegemeinschaft unerlässlich.

WEM DIENEN SIE?

Wenn wir uns mit dieser Liebessprache beschäftigen, müssen wir uns zunächst fragen, wem wir denn eigentlich dienen. Das sind nämlich nicht nur die Kinder. Auch wir als Ehepaar müssen uns gegenseitig zur Seite stehen und Dinge tun, die uns signalisieren, dass wir uns lieben. Tragen Sie also durch Liebesdienste und Gefälligkeiten dazu bei, dass auch der Liebestank Ihres Partners immer gefüllt ist.

Weil Kinder Eltern brauchen, die ihnen innere Ausgeglichenheit vorleben, ist die Pflege der ehelichen Beziehung ein wichtiger Bestandteil unserer Erziehungsarbeit.

!

Natürlich ist der Dienst an Ihren Kindern eine Ihrer Hauptaufgaben. Das heißt allerdings nicht, dass es Ihnen in erster Linie darum geht, den Sprösslingen einen Gefallen nach dem anderen zu tun. Ihr Ziel muss es sein, das Beste für das Kind zu tun. Was die Kinder im Augenblick begeistern würde, wäre möglicherweise gar kein Liebesdienst für sie. Drei Schokoriegel im Frühstücksbeutel lösen wahrscheinlich helle Begeisterung aus, aber Sie tun Ihrem Kind damit keinen Gefallen. Jede Gefälligkeit und jeder Dienst muss ein echter Liebesdienst sein, der den Gefühlstank Ihres Kindes füllt. Liebesdienste sollten deshalb immer zusammen mit allen anderen Sprachen der Liebe erbracht werden.

Eine Warnung auch für diese Liebessprache: Gefälligkeiten sollten nicht die Beziehung zu Ihrem Kind prägen und charakterisieren. Die Versuchung dazu ist nicht zu unterschätzen, denn gerade bei kleinen Kindern ist das Verlangen nach Geschenken und Gefälligkeiten groß.

!

Wenn wir unsere Kinder verwöhnen, ziehen wir uns kleine Egoisten heran, die niemals richtig erwachsen werden.

Diese Warnung sollte uns allerdings nicht davon abhalten, die Liebessprache der Gefälligkeiten auf gesunde Weise anzuwenden.

DEM ALTER ENTSPRECHEND HELFEN

Unsere Hilfe muss sich in Umfang und Art dem Alter des Kindes anpassen. Wir sollten ihnen also nur das abnehmen, was sie noch nicht selbst bewerkstelligen können. Es wird Ihnen sicher nicht einfallen, Ihren Sechsjährigen noch zu füttern. Das Bett für die Vierjährige zu machen ist ein selbstverständlicher Dienst, aber ein achtjähriges Kind ist durchaus dazu in der Lage. Junge Menschen müssen nicht erst im Studentenheim oder in ihrer ersten Wohnung lernen, Waschmaschine und Trockner zu bedienen. In der Lehre oder auf der Hochschule lernt man so etwas nämlich nicht.

Eltern, die angeblich keine Zeit haben – oder zu pingelig dazu sind –, ihre großen Kinder auch einmal die Wäsche machen zu lassen, tun ihnen keinen Gefallen damit. Das ist keine Liebe, sondern ein Zeichen von Egoismus.

Unsere Unterstützung soll also stets Hilfe zur Selbsthilfe sein. Das ist nicht immer bequem für uns und erfordert Geduld. Es ist allemal bequemer, das Essen schnell selbst zuzubereiten, als umständlich jeden Schritt einzeln erklären zu müssen. Wenn es Ihnen allein darum geht, das Essen möglichst schnell auf den Tisch zu bekommen, dann sollten Sie lieber immer selbst kochen. Wenn Sie aber Ihren Kindern einen Liebesdienst erweisen wollen und ihr Wohl im Auge haben, wird es Ihnen wichtiger sein, ihnen das Kochen beizubringen.

ALLEIN GELASSEN

Es gibt aber auch Eltern, die erziehen ihre Kinder zur Selbständigkeit und übertreiben dabei. Sie überlassen es ihnen ganz, ihre eigenen Erfahrungen zu machen.

Bill und Kathy waren solche Eltern. Sie selber – vom Pioniergeist früherer Tage beseelt – versuchten, so autark und selbstgenügsam wie möglich zu leben. Und genauso erzogen sie auch ihre beiden Söhne. Wenn man mit ihnen sprach, glaubte man, eine Siedlerfamilie aus der Zeit der großen Trecks nach Westen vor sich zu haben, die gerade der Postkutsche entstiegen war.

Nachdem beide mein Eheseminar besucht und von den fünf Sprachen der Liebe gehört hatten, meinten sie, dass Hilfe, Beistand und Gefälligkeiten keine der Liebessprachen sein könnten. Bill sagte zu mir: „Ich glaube nicht, dass Eltern etwas für ihre Kinder tun sollten, was sie selbst erledigen können. Wie sollen sie denn eines Tages auf eigenen Füßen stehen können, wenn man ihnen die Arbeit dauernd abnimmt? Sie müssen es lernen, den Stier bei den Hörnern zu packen."

„Kochen Ihre Jungs denn auch ihr eigenes Essen?", fragte ich und Kathy antwortete: „Das mache ich natürlich. Aber alles andere erledigen sie selbst. Wenn sie draußen auf der Jagd sind, kochen sie allerdings auch für sich."

„Sie machen das schon sehr ordentlich", fügte Bill noch hinzu. Die beiden waren offenbar sehr stolz auf ihre Söhne. „Sie haben ja nun einiges über die Sprachen der Liebe erfahren. Können Sie sich vorstellen, welche persönliche Liebessprache Ihre beiden Söhne sprechen?", fragte ich.

„Keine Ahnung", antwortete Bill.

„Glauben Sie denn, dass Ihre Jungen sich wirklich geliebt fühlen?"

„Denke schon. Das müssten sie eigentlich."

„Trauen Sie sich, sie zu fragen?", wollte ich wissen.

„Wie meinen Sie das?"

„Ich meine, dass Sie jeden von ihnen einmal beiseitenehmen und ihn fragen: Mein Sohn, ich möchte dich heute etwas fragen, was ich dich noch nie gefragt habe. Aber es ist wichtig für mich, das zu wissen. Fühlst du dich von mir geliebt? Du kannst es ehrlich sagen. Ich möchte wissen, was du denkst."

Bill sagte einen Augenblick kein Wort. Dann antwortete er: „Das ist so eine Sache. Ich weiß nicht, wofür das gut sein soll."

„Sie müssen natürlich nicht", gab ich zu bedenken. „Aber wenn Sie nicht fragen, werden Sie niemals erfahren, welche Liebessprache Ihre Söhne sprechen." Dieser Einwand beschäftigte Bill noch eine ganze Weile.

Eines Tages sprach er dann doch Tom, seinen Jüngsten, hinter der Scheune an, wo sie gerade allein waren. Er stellte jene Frage, die ich ihm vorgeschlagen hatte, und Tom antwortete: „Na klar, Papa. Du hast doch immer Zeit für mich. Wenn du in die Stadt fährst, nimmst du mich jedes Mal mit. Wenn du auf die Jagd gehst, finden wir immer Zeit, miteinander zu reden. Mir ist schon klar, dass das etwas Besonderes ist bei der vielen Arbeit, die du immer hast." Bill gelang es nicht, seine Rührung zu unterdrücken, sodass Tom besorgt fragte, ob es ihm gut gehe.

„Doch, doch, mir geht es sehr gut. Ich freue mich nur, dass du weißt, wie sehr ich dich liebe."

Eine Woche brauchte Bill, um dieses anrührende Erlebnis zu verarbeiten. Erst dann fand er den Mut, den 17-jährigen Tim zu fragen.

Nachdem Bill die von mir vorgeschlagene Frage gestellt hatte, schwieg Tim eine ganze Weile. Dann antwortete er: „Ich weiß nicht, wie ich es dir sagen soll, Pa. Ich glaube schon, dass du mich liebst, aber manchmal merke ich davon kaum etwas. Und dann frage ich mich, ob du überhaupt etwas für mich übrig hast."

„Wann ist das denn zum Beispiel?", erkundigte sich Bill.

„Wenn ich dich brauche und du überhaupt nicht reagierst, wie damals, als es brannte und ich Tom zu dir geschickt habe. Als er zurückkam, sagte er, du seist der Meinung, ich werde es schon allein schaffen. Tom und ich haben es dann tatsächlich allein hingekriegt, aber ich habe mich damals gefragt, was in dir vorgegangen war, als du nicht kamst. Ich habe mir dann immer wieder gesagt, dass du so handelst, weil ich selbständig werden soll. Aber mein Gefühl hat mir gesagt, dass ich dir ziemlich gleichgültig sein muss."

Tim fuhr fort: „Und dann war da die Zeit, als ich mit zehn so große Probleme in Mathematik hatte. Ich habe dich damals um Hilfe gebeten, aber du hast geantwortet, ich werde es schon allein schaffen, weil ich ein kluger Kerl sei. Ich wusste damals, dass du mir durchaus hättest helfen können. Du hättest mir nur ein bisschen auf die Sprünge helfen müssen. Aber ich fühlte mich fürchterlich im Stich gelassen. Und weißt du noch, wie ich mit dem Planwagen stecken geblieben bin? Ich bat dich, mir herauszuhelfen. Du aber sagtest, ich sei ja stecken geblieben, und deshalb müsse ich mir etwas einfallen lassen, um da wieder herauszukommen. Klar habe ich mir helfen können, aber ich hätte dich gebraucht.

Das waren die Male, wo ich wirklich dachte, ich sei dir völlig gleichgültig. Wie gesagt: Eigentlich weiß ich, dass du mich liebst. Aber ich merke oft nichts davon."

Das war sogar für einen Mann wie Bill zu viel. Er fing bitterlich an zu weinen. „Tim, mein Junge, das tut mir so leid. Ich wusste ja nicht, was in dir vorgeht. Hätte ich doch schon eher mal nachgefragt! Ich wollte, dass du selbständig wirst und auf eigenen Füßen stehen kannst. Und das hast du ja auch gelernt. Deswegen bin ich sehr stolz auf dich. Aber ich möchte auch, dass du weißt, wie lieb ich dich habe. Wenn du wieder mal Hilfe brauchst, bin ich für dich da. Ich hoffe, du gibst mir noch eine Chance." Die beiden Männer fielen sich in die Arme.

Bill bekam seine Chance ungefähr sieben Monate später, als einer der Planwagen in einem Bach stecken blieb. Die beiden Söhne versuchten mehr als zwei Stunden, den Wagen wieder flott zu bekommen. Aber sie schafften es einfach nicht. Schließlich schickte Tim seinen Bruder Tom zum Vater. Tom traute seinen Augen nicht, als er sah, dass der Vater sogleich sein Pferd sattelte und mit ihm zum Bach ritt. Als der Wagen wieder frei war, wunderte sich Tom, dass sein Vater Tim umarmte und sagte: „Danke, Großer. Ich weiß das wohl zu schätzen." Die Heilung, die damals in der Küche ihren Anfang genommen hatte, wurde sichtbar an jenem Bach. Ein raubeiniger Rancher hatte eine sanfte Lektion gelernt.

NICHT SKLAVENDIENST, SONDERN LIEBESDIENST

Sklavendienst wird von oben verordnet, anderen aus Liebe helfen ist ein Herzensanliegen.

Weil der Dienst an unseren Kindern im täglichen Leben selbstverständlich ist, wird oft gar nicht wahrgenommen, dass er auch ein Ausdrucksmittel der Liebe ist. Was heute wie selbstverständlich getan wird, bringt zuweilen erst nach Jahren seine Früchte hervor. Manchmal fühlen sich Eltern eher wie Schuhputzer. Wie viele Liebesdienste wir unseren Kindern in Wirklichkeit tun, geht allzu oft im Alltagstrott unter.

Jeder freiwillige Dienst am Nächsten ist ein Geschenk und keine Pflicht. Er wird aus freien Stücken und ohne Druck getan. Wenn also Eltern mit verborgenem Groll und Widerwillen ihre Pflicht erfüllen, werden die körperlichen Bedürfnisse der Kinder vielleicht gestillt, aber ihre seelische Entwicklung nimmt Schaden.

Weil unser Dienst am Kind zum großen Teil aus täglicher Routine besteht, müssen wir immer wieder innehalten und uns über unsere wahren Motive klar werden. So sorgen wir dafür, dass dieser Dienst nicht zur Pflichtübung verkommt, sondern Ausdrucksmittel unserer Liebe bleibt.

AUCH UNSERE KINDER SOLLEN AKTIV LIEBEN

Wenn wir unsere Kinder in Liebe unterstützen und ihnen helfen, befähigen wir sie dazu, zu reifen Menschen heranzuwachsen, die anderen in Liebe dienen.

Allerdings sollte diese Fähigkeit nicht darauf beschränkt bleiben, nur jenen hilfreich zur Seite zu stehen, denen man ohnehin zugetan ist, sondern auch all denen, die diese Zuwendung nicht erwidern können. Eltern, die nicht nur für die eigenen Angehörigen leben, sondern sich auch für Menschen außerhalb der eigenen vier Wände engagieren, werden ein Vorbild für ihre Kinder sein.

Aus der Bibel wissen wir, dass der Dienst am Nächsten Gott erfreut. Als Jesus bei einem der Obersten der Pharisäer eingeladen war, sagte er zu seinem Gastgeber: „Zu einem Essen solltest du nicht deine Freunde, Geschwister, Verwandten oder die reichen Nachbarn einladen. Sie werden dir danken und dich wieder einladen. Dann hast du deine Belohnung schon gehabt. Bitte lieber die Armen, Verkrüppelten, Gelähmten und Blinden an deinen Tisch. Dann wirst du glücklich sein …“ (Lukas 14,12-14).

Dem anderen dienen heißt, aus echtem Mitgefühl und wahrer Liebe für ihn da zu sein.

Das sind beeindruckende Worte! Wünschen wir uns das auch von unseren Kindern – aus echtem Mitgefühl und wahrer Liebe anderen zu dienen? Aber noch sind unsere Kinder keine voll ausgereiften Persönlichkeiten, und deshalb ist ihr natürliches Wesen noch weitgehend egozentrisch geprägt. Und so können wir von ihnen auch noch nicht erwarten, dass sie anderen selbstlos dienen. Sie erwarten noch eine Belohnung für gutes Betragen, und es wird noch eine ganze Weile dauern, bis sie in der Lage sind, anderen aus reiner Liebe zu Diensten zu sein.

Kinder müssen es mühsam lernen, anderen selbstlos zu dienen.

DIE ELTERN ALS VORBILD

Wie erreichen wir unser Ziel? Zuerst achten wir darauf, dass sich unsere Kinder wirklich geliebt und umsorgt fühlen. Wir tun alles, damit ihr Liebestank immer gefüllt ist. Außerdem leben wir ihnen vor, was wir von ihnen erwarten. Durch unser Vorbild erfahren sie, was Liebesdienste sind. Wenn sie nicht mehr ganz klein sind, können wir allmählich vom Gebot zur Bitte übergehen, denn sie verstehen nun schon besser, was wir von ihnen wollen. Ein Wunsch ist keine Forderung. Vom Kleinkind fordert man noch: „Nun sag deinem Papa mal danke.“ Einem größeren Kind dürfte es schon schwerfallen, einem solchen Befehl ohne inneren Widerstand nachzukommen. Da muss die Äußerung unserer Erwartung schon anders klingen: „Ob du mal zu deinem Vater gehst und dich bedankst?“ Eine Bitte setzt den anderen weniger unter Druck. Und sie klingt allemal freundlicher.

Je älter die Kinder werden, desto mehr bekommen sie mit, was alles für sie getan und erledigt wird. Ihnen wird bewusst, was es für Mühe gekostet haben muss, sie bis dahin zu versorgen. Natürlich erinnern sie sich nicht daran, wer ihnen die Windeln gewechselt und wer sie gefüttert hat. Aber sie beobachten andere Eltern, die ihre Kleinsten mit viel Engagement versorgen. Und dann wissen sie, dass man es mit ihnen genauso gemacht hat. Wenn sie das Gefühl haben, dass dies alles aus Liebe geschieht, werden sie es viel mehr zu schätzen wissen, wenn tagtäglich das Essen auf dem Tisch steht. Sie werden bewusster wahrnehmen, wenn die Eltern ihnen das Radfahren beibringen, bei den Hausaufgaben helfen, sie pflegen, wenn sie krank sind, sie trösten und beschenken.

Gehen Eltern mit gutem Beispiel voran, dann werden die Kinder beobachten können, wie die Eltern sich auch für andere Menschen einsetzen. Sie können beobachten, wie Kranke gepflegt werden, und bekommen mit, wie die Eltern Geld für Bedürftige ausgeben. Weil alles, was die alltägliche Routine unterbricht, spannend für Kinder ist, werden sie mit Feuereifer dabei sein, wenn die Familie an Hilfsprojekten teilnimmt.

Wenn Eltern und Kinder sich gemeinsam sozial engagieren, dann lernen die Kinder durch persönliche Erfahrungen, wie befriedigend und bereichernd es sein kann, sich für andere Menschen einzusetzen.

ICH HELFE DIR, WENN ...

„Was habe ich davon?“ Das ist das Motto, nach dem die meisten Menschen in unserer Gesellschaft leben. Doch es widerspricht ganz und gar der Liebessprache der Hilfsbereitschaft und jeder christlichen Ethik. Sie fragen sich vielleicht:

Ist es möglich, Kinder in dieser materialistischen und habgierigen Gesellschaft zu freundlichen und hilfsbereiten Menschen zu erziehen, die nicht bei jedem Engagement gleich eine Gegenleistung erwarten?

!

Es ist möglich! Aber es hängt sehr viel von Ihnen ab. Sie müssen ihnen das vorleben, was Sie von ihnen erwarten. Ihre Kinder müssen selber Zuwendung und Beistand von Ihnen erfahren und außerdem in Ihr soziales Engagement mit einbezogen werden. Nur so motivieren Sie sie, Ihrem Vorbild zu folgen. Ihre Kinder lernen soziales Engagement nicht von allein, sondern nur dadurch, dass sie es vorgelebt bekommen und schon beizeiten mit entsprechenden Aufgaben betraut werden. Je älter sie werden, desto mehr verantwortungsvolle Aufgaben können sie übernehmen.

WENN DIE MUTTERSPRACHE DER LIEBE IHRES KINDES DIE HILFSBEREITSCHAFT IST

Liebesdienste sind für die meisten Kinder ein Ausdruck von Zuneigung. Wenn dies die Muttersprache der Liebe Ihres Kindes ist, dann wird jede Gefälligkeit und jede freundliche Handlung ihm die innere Gewissheit vermitteln, von Ihnen geliebt zu werden. Wenn ein solches Kind darum bittet, das Fahrrad repa-

riert oder das Puppenkleidchen geflickt zu bekommen, dann geht es ihm nicht nur darum, wieder mit heilen Dingen spielen zu können. Es fragt auch nach einem Liebesbeweis und möchte einfach Ihre Zuneigung spüren.

Wenn wir Eltern dieses Motiv erkennen und freundlich auf solch eine Bitte eingehen, dann bekommt das Kind wieder einen gefüllten Liebestank. Reagieren die Eltern aber ungehalten und reparieren den Gegenstand nur widerwillig, dann ist das Fahrrad vielleicht wieder heil, aber die Seele des Kindes nicht.

Wenn dies die Liebessprache Ihres Kindes ist, dann bedeutet das natürlich nicht, dass Sie nach seiner Pfeife tanzen sollen. Es ist nicht nötig, dass Sie augenblicklich jeden Wunsch erfüllen. Sie müssen nur besonders sensibel sein, wenn das Kind kommt, und sich des Motivs für sein Anliegen bewusst sein. Dann können Sie abschätzen, ob ein Aufschub Schaden anrichten wird oder nicht. Auf jede an Sie herangetragene Bitte muss auf jeden Fall mit Liebe reagiert werden.

WAS DIE KINDER SAGEN

Es folgen Aussagen von Kindern, deren Muttersprache der Liebe die Hilfsbereitschaft ist:

Kyra, sieben, war in den letzten drei Jahren häufig krank. „Ich weiß, dass Mutti mich liebt. Immer, wenn ich Hilfe bei den Hausaufgaben brauche, ist sie für mich da und hilft mir. Wenn ich zum Arzt gehen muss, nimmt sie sich frei und begleitet mich. Und wenn es mir richtig schlecht geht, kocht sie mir meine Lieblingssuppe."

Jörg, zwölf, lebt bei seiner Mutter und seinem jüngeren Bruder. Sein Vater verließ die Familie, als er sechs war. „Ich weiß, dass Mutti mich liebt, weil sie mir die Knöpfe am Hemd wieder annäht, wenn sie abgerissen sind; und sie hilft mir jeden Abend bei den Hausaufgaben. Sie muss viel arbeiten als Krankenschwester, damit wir Essen und was zum Anziehen haben. Mein Papa liebt mich wahrscheinlich auch, aber er tut nicht viel für mich."

Julia, fünfzehn, ist geistig leicht behindert. Sie besucht eine Sonderschule und lebt bei ihrer Mutter. „Mutti liebt mich ganz bestimmt, denn sie hilft mir immer, mein Bett zu machen, und sie wäscht meine Wäsche. Am Nachmittag hilft sie mir bei den Hausaufgaben, vor allem, wenn ich was für Kunst machen muss."

Melanie ist vierzehn und die Älteste von vier Kindern. „Ich weiß genau, dass meine Eltern mich lieben, denn sie tun unheimlich viel für mich. Mama hat mir das Kostüm für unsere Schulaufführung genäht. Und sie hat sogar noch für zwei Mitschüler die Kostüme genäht. Da war ich richtig stolz auf sie. Papa war immer bereit, mir bei den Schularbeiten zu helfen. Gerade dieses Jahr hat er ganz schön viel Zeit für meine Algebra geopfert. Ich habe mich immer gewundert, wie er sich all das Zeug so gut merken konnte."

Für diese Kinder war jede Hilfe und jeder Gefallen ein echter Liebesbeweis. Eltern, deren Kinder diese Liebessprache sprechen, müssen lernen, dass der Dienst an ihnen Liebe ist. Stehen Sie ihnen – und anderen – mit Rat und Tat zur Seite und sie werden sich geliebt fühlen.

6 | Sprache der Liebe Nummer 5: Zärtlichkeit

PRAXISBEISPIEL

Sabine geht in die fünfte Klasse und ihre Familie ist vor Kurzem in eine neue Wohngegend gezogen. „Es war ein hartes Jahr für mich. Erst sind wir umgezogen und dann musste ich mir noch neue Freunde suchen. In meiner alten Schule kannte ich jeden und auch mich kannten sie." Als ich Sabine fragte, ob sie jemals das Gefühl gehabt habe, von ihren Eltern lieblos behandelt worden zu sein, weil sie sie aus ihrer vertrauten Umgebung gerissen hätten, antwortete sie: „Nein, bestimmt nicht. Sie haben es ja nicht mit Absicht getan. Ich weiß, dass sie mich lieben. Sie nehmen mich oft in den Arm. Und oft gibt es einen Kuss extra. Es wäre natürlich schöner, wenn wir nicht hätten umziehen müssen. Aber Papas Arbeit geht vor."

Sabines Liebessprache ist Zärtlichkeit und Körperkontakt. Jede körperliche Zuwendung zeigt ihr, dass Mama und Papa sie lieb haben. Die verbreitetsten Ausdrucksmittel dieser Sprache sind Umarmungen und Küsse. Es gibt aber auch noch andere: Ein Vater wirft seinen Einjährigen in die Luft. Er wirbelt seine Siebenjährige immer und immer wieder im Kreis. Sie lacht und juchzt. Die Mutter hat ihre Dreijährige auf dem Schoß und liest ihr aus einem Buch vor.

Diese Möglichkeiten, Körperkontakt herzustellen, werden leider gar nicht so ausgiebig genutzt, wie man vielleicht meint. Studien belegen, dass viele Eltern ihre Kinder nur berühren, wenn es „notwendig" ist – wenn sie ihnen beim An- und Ausziehen helfen, sie im Auto anschnallen oder ins Bett tragen. Man hat den Eindruck, dass sich viele Eltern gar nicht bewusst sind, wie viel Körperkontakt ihre Kinder brauchen und wie leicht es im Grunde ist, den Gefühlstank ihrer Kinder mit bedingungsloser Liebe gefüllt zu halten.

!

Viele Eltern sind sich nicht bewusst, wie viel Körperkontakt ihre Kinder brauchen.

Der zärtliche Umgang ist die einfachste Liebessprache, derer man sich bedienen kann. Für Körperkontakte braucht man im Allgemeinen keine besonderen Umstände oder Vorbereitungen. Sie können meist spontan gesucht werden. Solche liebevollen Berührungen müssen nicht immer nur Umarmungen oder Küsse sein. Jede freundliche Berührung ist geeignet, Liebe zu zeigen. Auch beschäftigte Eltern können den Rücken kraulen oder die Schultern massieren.

PRAXISBEISPIEL

Fred machte sich Sorgen über die Beziehung zu seiner Tochter Janine, weil sie ihm aus dem Weg ging und Körperkontakte mit ihm vermied. Fred war eine Seele von Mensch, aber gleichzeitig zurückhaltend, sodass er seine Gefühle lieber für sich behielt. Es fiel ihm besonders schwer, seine Gefühle durch körperliche Annäherung auszudrücken. Weil er sich aber so sehr nach Nähe zu seiner Tochter sehnte, war er bereit, sich zu ändern. Er begann damit, Janine zärtlich über die Arme oder den Rücken zu streichen. Nach und nach benutzte er diese Liebessprache mit immer weniger Hemmungen, bis er in der Lage war, seine geliebte Tochter zu umarmen und zu küssen, ohne sich dabei unwohl zu fühlen.

Das hat Fred einige Überwindung gekostet. Doch je ungezwungener er sich geben konnte, desto bewusster wurde ihm, wie sehr seine Tochter auf solche elterlichen Liebesbeweise angewiesen war. Wenn sie nicht genug davon bekam, wurde sie unwirsch und unzufrieden. Fred hatte begriffen, dass zu wenig körperliche Zuwendung von ihm Janines spätere Beziehungen zu Männern unnötig komplizieren könnte.

KLEINKINDER BRAUCHEN KÖRPERKONTAKT

Fred machte ganz praktische Erfahrungen mit der konkreten Wirkung, die diese eine Liebessprache hat. Aber auch viele wissenschaftliche Untersuchungen kommen zu demselben Ergebnis:

> Säuglinge, die hochgenommen, geherzt und geküsst werden, entwickeln sich emotional gesünder als Kinder, die oft lange Zeit ohne körperliche Zuwendung auskommen müssen.

Körperkontakt ist die Liebessprache, die am lautesten spricht. Sie ruft unmissverständlich: „Ich liebe dich!“ Das Wissen darüber ist keineswegs neu. Bereits die Eltern im alten Palästina brachten ihre Kinder zu Jesus, „damit er sie anrührte“. Matthäus berichtet, dass die Jünger Jesu die Eltern anfuhren, weil sie meinten, ihr Meister sei für solche „Kinkerlitzchen“ zu beschäftigt. Aber Jesus reagierte verärgert: „Als aber Jesus es sah, wurde er unwillig und sprach zu ihnen: Lasst die Kinder zu mir kommen! Wehrt ihnen nicht! Denn solchen gehört das Reich Gottes. Wahrlich, ich sage euch: Wer das Reich Gottes nicht aufnimmt wie ein Kind, wird dort nicht hineinkommen. Und er nahm sie in seine Arme, legte die Hände auf sie und segnete sie“ (Markus 10,13-16).

In Kapitel 7 werden Sie erfahren, wie Sie die persönliche Liebessprache Ihres Kindes entdecken können. Das muss nicht der Körperkontakt sein. Alle Kinder aber brauchen mehr oder weniger die zärtliche Berührung. Und alle klugen Eltern beherzigen das. Ihnen ist bewusst, dass Kinder Körperkontakt von allen ihren Bezugspersonen brauchen – von Großeltern und Verwandten, aber auch von Lehrern und Autoritätspersonen in der Gemeinde.

Wer einmal die Liebessprache der Zärtlichkeiten beherrschen soll, mit dem muss auch zärtlich „geredet" werden.

Nur dann erfährt er konkret, was „Ich liebe dich" bedeutet.

Vor dem Hintergrund der aktuellen Diskussion über das vermehrte Auftreten von Kindesmissbrauch schrecken viele Erwachsene vor Körperkontakten zu Kindern zurück. Das ist eine bedauerliche Entwicklung. Es ist nicht zu leugnen, dass es Erwachsene gibt, die ihre sexuellen Abartigkeiten an Kindern ausleben. Diese Verbrecher müssen verfolgt und schwer bestraft werden. Aber niemand, der ein Kind herzt, sollte gleich in den Verdacht geraten, ein Pädophiler zu sein. Es sind sicher ein paar Verhaltensregeln zu beachten, aber wir dürfen es nicht zulassen, dass Ängstlichkeit als Vorwand dafür herhalten muss, uns vor körperlichen Beweisen unserer Liebe zu drücken. Haben Sie keine Scheu, Ihre Kinder und die jungen Menschen, mit denen Sie Umgang pflegen, zu herzen und zu küssen!

KÖRPERKONTAKT, WENN DIE KINDER HERANWACHSEN

Bei Kleinkindern

Gerade in den ersten Lebensjahren ist Körperkontakt besonders wichtig. Es scheint ein angeborener Trieb der Mütter zu sein, mit ihren Kindern ausgiebig zu schmusen. Aber auch die Väter beteiligen sich in den meisten Kulturen an dieser Art des Umgangs mit ihren Kindern.

Nur in unseren Industrienationen sind Eltern oft distanziert. Sie arbeiten bis spät am Nachmittag, und wenn sie nach Hause kommen, sind sie müde und abgespannt. Ist eine Mutter berufstätig, sollte sie Vorsorge treffen, dass die sie vertretende Person in der Lage ist, ihr Kind ohne Scheu zu herzen. Sie muss wissen, ob ihr Kind während ihrer Abwesenheit in den Arm genommen und gedrückt wird oder nur unbeachtet im Bettchen oder im Laufstall warten muss. Das Kind verdient es, auch bei der täglichen Pflege liebevoll berührt und gestreichelt zu werden – sei es beim Windelnwechseln, beim Füttern oder beim Herumtragen.

Schon ein Kleinkind weiß sehr wohl zwischen Zärtlichkeiten und barschem Traktieren zu unterscheiden.

Wenn das Kind dann größer und aktiver wird, lässt das Bedürfnis nach Körperkontakt nicht nach. Umarmungen, Küsse, ein freundschaftlicher Ringkampf am Boden, ein Ritt huckepack durch die Wohnung – all das sind spielerische Körperkontakte, die für die

gesunde emotionale Entwicklung des Kindes dann unerlässlich sind. Wenn Sie sich zu Zärtlichkeiten und Berührungen zunächst überwinden müssen, haben Sie vielleicht das Gefühl, ständig gegen Ihre Natur ankämpfen zu müssen. Aber jeder Mensch ist lernfähig. Wenn wir erst einmal begriffen haben, wie wichtig Zärtlichkeiten für unsere Kinder sind, sind wir eher zu Veränderungen motiviert.

Jungen und Mädchen brauchen gleichermaßen Körperkontakt und Zärtlichkeiten.

Aber kleine Jungen bekommen sie spärlicher als Mädchen. Dafür gibt es viele Gründe. Der häufigste ist die Furcht der Eltern, ihr Sohn könnte bei zu viel Zärtlichkeit verweichlicht und zu feminin werden. Das entspricht überhaupt nicht den Tatsachen. In Wahrheit findet ein Mensch viel eher seine sexuelle Identität, je selbstbewusster er ist. Und Selbstwertgefühl erwächst aus viel Zärtlichkeit.

Schulalter

Auch wenn Ihr Kind in die Schule kommt, hat es noch immer ein großes Verlangen nach Körperkontakt. Eine mutmachende Umarmung beim Abschied am Morgen kann darüber entscheiden, ob sich das Kind einen ganzen Tag lang geborgen fühlt.

Eine liebevolle Umarmung bei der Rückkehr aus der Schule beeinflusst die Stimmung eines Kindes am Nachmittag.

!

In diesem Augenblick entscheidet sich, ob Ihr Kind am Nachmittag gut gelaunt seine Schularbeiten macht oder allerlei Unsinn verzapft, um Ihre Aufmerksamkeit zu erlangen. Es gibt einen Grund dafür: Die Kinder sehen sich tagtäglich in der Schule vor ganz neue Anforderungen gestellt. Der Umgang mit Lehrern und Mitschülern ist nicht immer konfliktfrei. Da muss die Heimkehr in den Schoß der Familie wie die Rückkehr in einen sicheren Hafen sein. Das Kind kehrt an einen Ort zurück, wo es Liebe ohne Leistung erfährt.

Wenn meine Jungen älter werden, wollen sie nicht mehr umarmt werden! Diese Erfahrungen meinen manche Eltern zu machen. Aber das ist eine Fehlinterpretation. Alle Kinder – ob klein oder im Jugendalter – brauchen Körperkontakt. Zwar erleben Jungen im Alter zwischen sieben und neun Phasen, in denen sie allzu viel Zärtlichkeit ablehnen, sie brauchen aber deswegen nicht weniger Körperkontakt. Sie mögen es jetzt lieber etwas rauer. Deswegen raufen sie öfter, sie rempeln sich an und bevorzugen ein kräftiges Schulterklopfen. Auch Mädchen in diesem Alter werden etwas ruppiger, haben aber auch nichts gegen zärtlichere Umgangsformen. Bei ihnen gibt es nicht die typische Phase, in der sie Zärtlichkeit widernatürlich finden.

Wenn die Kinder heranwachsen, übernimmt zunehmend der Sport die Aufgabe, Körperkontakt herzustellen. Sie spielen Fußball und Volleyball oder betätigen sich anderweitig sportlich.

Wenn Sie mit Ihren Kindern im Garten oder auf der Wiese herumtollen, dann schlagen Sie gleich zwei Fliegen mit einer Klappe: Sie suchen Körperkontakt, und die Kinder haben Ihre ungeteilte Aufmerksamkeit, was auch eine Liebessprache ist.

Körperkontakte sollte es aber nicht nur im Spiel geben. Es gibt noch andere körperliche Ausdrucksformen der Liebe: Streichen Sie Ihrem Kind öfter einmal durchs Haar. Streichen Sie ihm über den Rücken. Klopfen Sie ihm aufs Knie, begleitet von ein paar aufmunternden Worten.

Eine ausgezeichnete Methode für viele Eltern ist das Vorlesen, wobei das Kind auf dem Schoß sitzt. Dieser Körperkontakt ist lang und ausgiebig. Davon haben die Eltern etwas, vor allem aber das Kind, das sich ein Leben lang an diese Geborgenheit schenkende Situation erinnern wird.

> Wer sein Kind beim Vorlesen auf den Schoß nimmt, schenkt ihm Körperkontakt und Geborgenheit.

Wenn das Kind krank ist, sich verletzt hat oder sonst einen Kummer hat, ist Körperkontakt ganz besonders vonnöten. Dabei müssen Eltern sehr darauf achten, dass sie Jungen und Mädchen erst einmal gleich behandeln. Allerdings empfinden die meisten Jungen solche Mitleidsbekundungen in bestimmten Entwicklungsphasen als „weibisch". Wenn sie sich dagegen sträuben, sollten Eltern das respektieren und auf Abstand gehen. Auch bei den Eltern erregen Jungen eines bestimmten Alters nicht so viel Mitgefühl wie Mädchen. Wenn Eltern eine solche Tendenz bei sich beobachten, sollten sie dem widerstehen. Gehen Sie auf Ihren Jungen zu und geben Sie ihm so viel Körperkontakt, wie er braucht und annehmen will.

Das Kind vor der Pubertät

Wenn das Kind ungefähr zwölf Jahre alt ist, muss man sich vergegenwärtigen, dass man es jetzt auf die wahrscheinlich schwierigste Periode seiner Kindheit und Jugend vorbereiten muss. Bei kleinen Kindern lässt sich der Liebestank recht unproblematisch füllen. Er wird dann schnell leer und muss schnell wieder aufgefüllt werden.

> ! Der Liebestank eines heranwachsenden Kindes wird größer und man kommt manchmal mit dem Nachfüllen gar nicht hinterher.

Irgendwann ist der Sohn einen Kopf größer als Sie. Da steht ein ansehnlicher junger Mann vor Ihnen. Und dem sollen Sie Ihre Liebe schenken! Und die Tochter ist eine hübsche, fast erwachsene Frau, mit deren jugendlicher Ausstrahlung Sie als Mutter nicht mithalten können.

Fahren Sie trotzdem fort, ihren Tank zu füllen, auch wenn die jungen Leute den Eindruck vermitteln, sie hätten es nicht mehr nötig. Während die Jungen sich in der Pubertät zurückziehen, weil sie nicht feminin wirken wollen, treten bei den Mädchen meist die Väter den Rückzug an. Doch wenn Sie als Vater Ihre heranwachsende Tochter auf die Zukunft vorbereiten wollen, dann seien Sie gerade jetzt nicht besonders zurückhaltend mit Körperkontakten. Dieser Rat hat seinen guten Grund:

> Während der Pubertät sehnen sich die Mädchen ganz besonders nach Zuwendung von ihrem Vater.

Im Gegensatz zu den Jungen verstärkt sich bei den Mädchen das Bedürfnis, sich der bedingungslosen Liebe ihres Vaters zu versichern. Der Höhepunkt dieser Entwicklung ist etwa mit elf Jahren erreicht. Der Grund dafür mag darin liegen, dass Mütter in dieser Phase ohnehin mehr Körpernähe zu ihren Töchtern suchen.

Wenn man zwölfjährige Mädchen in der Schule unter Gleichaltrigen beobachtet, kann man deutlich den Unterschied zwischen denen sehen, die auf die Pubertät gut vorbereitet sind, und denen, die damit Probleme haben. Nähert sich ein Mädchen dieser heiklen Lebensphase, ist ihm bewusst, dass es in den kommenden Jahren seine sexuelle Identität finden muss.

Schaut man sich an, wie die Mädchen sich verhalten, erkennt man, dass einige Probleme im Umgang mit dem anderen Geschlecht haben. Entweder sind sie besonders schüchtern in Gegenwart der Jungen oder besonders provokativ und aufreizend. Den Jungen machen solche Annäherungsversuche eines attraktiven Mädchens natürlich Spaß, aber letztlich halten sie nicht viel von solchen Mädchen, und wenn sie unter sich sind, machen sie sich über sie lustig. Einem solchen Mädchen schadet jedoch nicht so sehr der schlechte Ruf unter den Jungen. Problematischer ist eher die Verschlechterung in den Beziehungen zu anderen Mädchen. Diese nehmen ihr nämlich die „Anmache" übel. Gerade aber in diesem Alter sind enge Freundschaften mit gleichaltrigen Mädchen allemal wichtiger als Beziehungen zu Jungen.

Mädchenfreundschaften sind die Basis für ein gesundes Sozialverhalten in späteren Jahren.

!

Es gibt aber auch immer wieder Mädchen, die sich zu schade sind für solche frühpubertären Spielchen mit den Jungen. Sie ruhen in sich selbst, weil sie ein gesundes Selbstwertgefühl entwickeln konnten und ihre sexuelle Identität gefunden haben. Sie handeln selbständig und aus eigenem Antrieb – ob sie mit dem Fußballheld ihrer Lieblingsmannschaft reden oder mit dem schüchternen Jungen von nebenan. Man kann immer wieder feststellen, dass solche Mädchen von gleichaltrigen Jungen bewundert und geachtet werden. Vor allem aber ist wichtig, dass die Freundschaften dieser Mädchen zu Geschlechtsgenossinnen eng sind und damit Geborgenheit und Schutz bieten.

!

Mädchen mit starkem und gesundem Selbstwertgefühl und klarer sexueller Identität sind auch widerstandsfähiger gegen Gruppenzwänge.

Sie sind eher in der Lage, an den Moralvorstellungen festzuhalten, die sie aus der Familie mitbekommen haben. Und sie können selbständiger denken.

Was macht den Unterschied aus? Die einen haben Probleme im Umgang mit Gleichaltrigen und die anderen kommen mit ihnen blendend aus. Sie raten es vielleicht schon: Es ist der Liebestank!

Die meisten Mädchen, die sich gut in der Gruppe zurechtfinden, haben Väter, die ihren Teil dazu beitragen, dass der Liebestank ihrer Tochter gefüllt ist.

Aber selbst wenn der Vater aus verschiedenen Gründen nur selten zu Hause sein kann, ist noch nicht alles verloren. Vielleicht findet das Mädchen ja einen „Ersatzvater" – den Großvater, einen Onkel oder eine andere männliche Vertrauensperson. Viele Mädchen, die ohne Vater auskommen müssen, haben auf diese Weise durchaus die Chance, zu gesunden und selbstbewussten Frauen heranzuwachsen.

Teenager in der Pubertät

Ist aus dem Kind ein Teenager geworden, ist es von besonderer Bedeutung, seine Liebe – vor allem in der Öffentlichkeit – angemessen und zurückhaltend zu zeigen. Eine Mutter sollte ihren heranwachsenden Sohn nicht vor Gleichaltrigen umarmen und küssen. Er ist gerade dabei, seine eigene unabhängige Identität zu finden, und solch ein Verhalten ist ihm schrecklich peinlich. Und man wird ihn hinterher in der Gruppe hänseln. Am Abend jedoch, wenn der Sohn ausgelaugt nach einem anstrengenden Fußballspiel in die Privatsphäre der eigenen vier Wände zurückkehrt, wird die Umarmung der Mutter vielleicht doch als Liebesbeweis angenommen.

Viele Väter hören plötzlich auf, ihre Töchter zu umarmen und zu küssen, weil sie meinen, dies sei in einem bestimmten Alter ungebührlich. Doch das Gegenteil ist richtig. Das junge Mädchen braucht die körperliche Zuwendung des Vaters, und wenn er sich gerade jetzt zurückzieht, sucht sie den Körperkontakt bei Gleichaltrigen, was oft zu verfänglichen Situationen führt. Aber auch hier sind wieder Ort und Zeitpunkt entscheidend. Wenn die Initiative nicht von der Tochter ausgeht, sollte man sich mit Zärtlichkeiten in der Öffentlichkeit zurückhalten. Zu Hause aber dürfen Sie Ihre Tochter ruhig einmal spontan in den Arm nehmen und drücken.

Alle Arten körperlicher Zuwendung werden von den jungen Leuten vor allem dann geschätzt, wenn die Schule ganz besondere Anforderungen stellt. Und denken Sie daran, dass Körperkontakt mit dem Elternteil des gleichen Geschlechts genauso wichtig ist. In jeder Entwicklungsphase unserer Kinder tut dem Sohn der Liebesbeweis des Vaters

gut und der Tochter die Umarmung der Mutter.

Wenn Sie nach Möglichkeiten Ausschau halten, wie Sie Ihrem Heranwachsenden Ihre Liebe zeigen können, dann werden Sie sie auch finden. Kommt z. B. der Sohn vom Training völlig erschöpft nach Hause, könnten Sie ihm anbieten, durch eine Entspannungsmassage dem Muskelkater vorzubeugen. Oder wenn Ihr Teenager stundenlang über seinen Büchern gesessen hat, könnten Sie den verspannten Nacken massieren. Das entspannt und ist gleichzeitig ein Ausdruck Ihrer Zuneigung.

!

Eltern sollten nie versuchen, Körperkontakt zu einem Teenager zu erzwingen.

Wenn sich die Tochter der Umarmung entzieht oder einen Satz macht, sobald Sie ihre Schulter berühren, dann sollten sie nicht aufdringlich werden. Aus irgendeinem Grund will Ihr Teenager gerade jetzt nicht angefasst werden. Der Grund hat möglicherweise überhaupt nichts mit Ihnen zu tun. Die jungen Leute müssen sich mit einem Ansturm von Gefühlen, Gedanken und Sehnsüchten auseinandersetzen und ziehen sich deshalb zuweilen gern in ihr Schneckenhaus zurück. Sie als Eltern müssen ihre Gefühle respektieren, auch wenn sie nicht durch Worte, sondern nur durch bestimmte Gesten zum Ausdruck kommen. Sollte Ihr Kind jedoch über längere Zeit jeden Annäherungsversuch abblocken, sollten Sie sich bei Gelegenheit zusammensetzen, um über die Gründe zu reden.

Denken Sie immer daran, dass Sie ein Vorbild für Ihre Kinder sind. Die jungen Leute werden beobachten, wie Sie mit Körperkontakten umgehen. Ob sie etwas bei Ihnen abgeschaut haben, stellt sich spätestens dann heraus, wenn Sie beobachten, wie Ihre Kinder Umgang mit anderen pflegen. Es ist oft rührend mit anzusehen, wie die jungen Leute ganz bewusst eine der von Ihnen gelernten Liebessprachen bei Freunden einsetzen.

WENN DIE MUTTERSPRACHE DER LIEBE IHRES KINDES DER KÖRPERKONTAKT IST

Sind Zärtlichkeiten die ganz persönliche Liebessprache Ihres Kindes? Lesen Sie auf jeden Fall Kapitel 7, um diese Frage einigermaßen sicher beantworten zu können. Vorab aber schon ein paar Hinweise: Für Kinder, die diese Liebessprache am besten verstehen, werden Zärtlichkeiten Ihre Liebe am eindeutigsten sprechen lassen, deutlicher jedenfalls als ein nettes Wort, ein tolles Geschenk, ein schnell repariertes Fahrrad oder ein langes Zwiegespräch. Das alles spricht zwar auch für die Zuneigung der Eltern, aber am eindeutigsten werden körperliche Streicheleinheiten als Liebesbeweis empfunden. Ohne sie wird der Liebestank nie ganz voll.

Kinder mit dieser Muttersprache der Liebe sind andererseits besonders sensibel, wenn es statt Streicheleinheiten nur die kalte Schulter gibt oder sie unsanft weggestoßen werden. Solche Kinder sind körperlich sehr verletzbar. Für Kinder mit dieser Liebessprache ist es ein Schock, wenn sie grob angefasst werden.

PRAXISBEISPIEL

Maria wusste nichts von den fünf Sprachen der Liebe, bevor ihr Sohn Ingo zwölf Jahre alt war. Am Ende eines Seminars über die Liebessprachen sagte sie zu einer Freundin: „Jetzt weiß ich auch, warum Ingo sich manchmal so merkwürdig benimmt. Jahrelang ist mir sein ewiges Gezerre an mir auf die Nerven gegangen. Wenn ich abwasche, schleicht er sich an und hält mir die Augen zu. Wenn ich an ihm vorbeigehe, kneift er mir in den Arm. Gehe ich in seinem Zimmer an ihm vorbei, während er auf dem Boden liegt, hält er meinen Fuß fest. Manchmal versucht er, mir den Arm auf den Rücken zu drehen. Und wenn ich auf der Couch saß, hat er mir früher regelmäßig die Haare zerzaust. Das habe ich ihm dann allerdings verboten. Beim Vater tut er das nicht. Dafür machen die beiden oft Ringkämpfe auf dem Boden.

Heute ist mir bewusst geworden, dass Ingos persönliche Liebessprache der Körperkontakt ist. All die Jahre hat er sich nach Berührungen gesehnt und deshalb hat er mich ständig angefasst. Ich muss zugeben, dass ich selber kein so körperbetonter Mensch bin. Meine Eltern haben sich selten in die Arme genommen. Jetzt wird mir klar, dass mein Mann Ingo mit den Ringkämpfen seine Liebe gezeigt hat, während ich mich vor seinen Annäherungsversuchen zurückgezogen habe. Dass ich all die Jahre so blind sein konnte! Dabei liegt doch alles so deutlich auf der Hand."

Am Abend sprach Maria mit ihrem Mann über das Seminar. Chris staunte nicht schlecht über das, was er da hörte: „Ich wäre nie auf den Gedanken gekommen, dass unsere Ringkämpfe etwas mit Liebe zu tun haben. Aber da scheint schon etwas dran zu sein. Es war immer ein ganz spontaner Impuls von mir, weil meine Liebessprache offenbar auch der Körperkontakt ist."

Als Maria das hörte, ging ihr ein weiteres Licht auf. Deshalb war Chris also immer so versessen auf Kuschelstunden und Küsse. Chris wollte längst nicht immer gleich Sex, aber einen verschmusteren Mann als ihn kannte sie nicht. An jenem Abend hatte Maria das Gefühl, vor einem riesigen Berg voller neuer Einsichten zu stehen. Aber sie war entschlossen, ihn zu erklimmen und die Liebessprache ihrer beiden Männer zu erlernen. Anfangen wollte sie, indem sie sich seinen Annäherungsversuchen nicht mehr wie früher entzog.

Als Ingo das nächste Mal beim Abwasch angeschlichen kam und ihr die Augen zuhielt, zog sie die Hände aus dem Wasser, drehte sich um und drückte ihn kräftig an sich. Ingo war ganz perplex, aber er lachte. Und als Chris wieder einmal zärtlich wurde, reagierte sie wie zu der Zeit, als sie noch jung verliebt waren. Er lächelte und sagte: „Ich kann dir noch ein paar andere gute Seminare empfehlen. Die Mühe lohnt sich!"

Maria blieb am Ball. Sie lernte fleißig die neue Liebessprache und schon bald begann ihr der ausgiebigere Körperkontakt viel Freude zu bereiten. Noch bevor sie sich richtig zu Hause in dieser neuen Sprache fühlte, konnte sie schon die Früchte ihrer Bemühungen ernten. Chris und Ingo blühten richtig auf und reagierten auf ihre Zuwendung, indem sie sich ihrerseits bemühten, die Liebessprache der Mutter zu sprechen. Maria fühlte sich besonders geliebt, wenn man ihr hin und wieder einen Liebesdienst tat, ihr unter die Arme griff und auch sonst beistand. Ingo wusch nun häufiger nach dem Essen ab; Chris saugte die Teppiche – und Maria fühlte sich wie im 7. Himmel.

Wie reagieren die Kinder, wenn sie spüren, dass man ihre Liebessprache spricht? Lesen Sie, was ich aufgezeichnet habe:

WAS DIE KINDER SAGEN

Alfred, elf Jahre alt: „Ich weiß, dass Mutti mich liebt, weil sie mich immer so lieb drückt."

Jonas, Student schreibt über seine Eltern: „Solange ich denken kann, habe ich beim Abschied von meiner Mutter einen Kuss bekommen. Und beide Eltern haben mich kurz gedrückt. Wenn ich heimkam, war es genauso. Es gibt Freunde, die glauben, dass meine Eltern es nicht ernst meinen, weil sie selber sehr zurückhaltende Eltern haben. Ich aber bin froh, dass es so bei uns ist. Es ist mir keineswegs unangenehm. Ich spüre die Wärme, die von ihnen ausgeht."

Der elfjährige Markus wurde gefragt: „Wenn du deinen Eltern eine Note für die Liebe zu dir geben solltest, welche würdest du ihnen geben?" – „Eine Eins", kam es wie aus der Pistole geschossen. Auf die Frage, warum er sich so sicher sei, antwortete er: „Einerseits, weil sie es mir sagen. Aber vor allem, weil sie es mir zeigen. Papa knufft mich immer freundschaftlich, wenn wir uns begegnen. Und wir machen Ringkämpfe auf dem Fußboden. Es macht viel Spaß mit ihm. Und auch Mutti drückt mich oft. Wenn Freunde da sind, unterlässt sie das allerdings."

Jessica, zwölf, lebt bei ihrer Mutter und besucht den Vater jedes zweite Wochenende. Sie erzählte, dass sie sich besonders von ihrem Vater geliebt fühle. Auf die Frage, warum dies so sei, antwortete sie: „Jedes Mal, wenn ich ihn besuche, umarmt er mich und gibt mir einen Kuss. Dadurch spüre ich, wie sehr er sich über meinen Besuch freut. Wenn ich weggehe, halten wir uns längere Zeit in den Armen. Und dann sagt er mir, dass er mich sehr vermisst. Ich weiß, dass auch meine Mutter mich liebt – sie ist immer für mich da. Aber ich wünsche mir manchmal ein paar Streicheleinheiten mehr von ihr. Wenn sie mir doch auch mal so deutlich ihre Liebe zeigen würde wie mein Papa."

!

Wenn der Körperkontakt die Liebessprache Ihres Kindes ist und Sie von Natur aus körperliche Nähe nicht mögen, hilft es Ihnen, wenn Sie damit beginnen, sich selbst Streicheleinheiten zu verordnen.

Ja, wir meinen das ganz ernst! Fahren Sie sich mit der Hand über den Arm vom Handgelenk bis zur Schulter. Rubbeln Sie den Arm, dann die Schulter. Dann wechseln Sie die Seite und tun dasselbe noch einmal. Fahren Sie sich mit beiden Händen durchs Haar. Machen Sie sich selber eine Kopfmassage. Hocken Sie sich hin und streicheln Sie Ihre Füße. Legen Sie eine Hand auf den Bauch. Streicheln Sie sich. Beugen Sie sich vor und massieren Sie Ihre Fußgelenke. Setzen Sie sich aufrecht hin und sagen Sie: „Ich habe es geschafft. Ich habe mich selber berührt. Genauso kann ich mein Kind berühren!“

Für alle, die zu ihren eigenen Eltern wenig Körperkontakt gehabt haben und die ihn deshalb auch meiden, kann solch eine Übung dazu dienen, Mauern einzureißen. Wenn Sie zu diesen Menschen gehören, sollten Sie diese Übungen einmal am Tag machen, bis Sie den Mut finden, aus eigenem Antrieb mehr Körperkontakt zu Ihren Kindern oder auch zu Ihrem Ehepartner zu suchen. Wenn Sie erst einmal den Anfang gemacht haben, sollten Sie sich das Ziel setzen, wenigstens einmal am Tag Körperkontakt zu Ihrem Kind aufzunehmen. Das können Sie dann nach und nach steigern. Jeder kann diese Liebessprache erlernen; und sollte es die Muttersprache der Liebe Ihres Kindes sein, so lohnt sich die Mühe allemal.

7 | Welche Muttersprache der Liebe spricht Ihr Kind?

Wir haben Ihnen nun die fünf Sprachen der Liebe vorgestellt und Sie haben von den Kindern selbst erfahren, wie diese Liebessprachen zu ihnen reden. Aber Sie fragen sich vielleicht noch immer, welche Muttersprache der Liebe Ihr eigenes Kind spricht. Ich weiß natürlich nicht, ob wir Ihnen tatsächlich auf die Sprünge helfen können. Es wird vielleicht einige Zeit dauern, bis Sie sicher sein können, aber es gibt meist viele Hinweise, auf die wir achten müssen. In diesem Kapitel werden wir mit detektivischem Spürsinn herauszubekommen versuchen, welche Liebessprache Ihr Kind spricht.

ES BRAUCHT ZEIT

Es reicht aber nicht, die Liebessprache unseres Kindes herauszubekommen. Wir müssen sie auch erlernen, wenn es nicht gerade unsere eigene ist. Wie lernen wir diese Sprache?

Es wird Zeit brauchen.

> ! Bei einem Kleinkind muss man noch alle fünf Sprachen der Liebe im gleichen Umfang sprechen. Nur so wird es sich seelisch gesund entwickeln.

Aber bereits so früh gibt es manchmal Hinweise auf eine bevorzugte Liebessprache – wenn Sie sie alle sprechen und anbieten. So kann man z. B. beobachten, dass ein Kind kaum sichtbare Reaktionen auf die Stimme der Mutter zeigt, während ein anderes bei ihrem Klang sofort ruhig wird. Der eine Säugling lässt sich durch die bloße Anwesenheit einer Person beruhigen, ein anderer aber nimmt kaum Notiz davon.

Wenn das Kind größer wird, werden Sie schon klarer erkennen können, welche Liebessprache deutlicher als andere Ihre Liebe zum Ausdruck bringt. Sie merken aber auch, dass der negative Gebrauch einer Sprache offensichtlich stärker verletzt.

Die Liebessprache eines Kindes entdeckt man meistens nicht von heute auf morgen. Es ist ein Prozess, durch den wir zu vertieften Erkenntnissen gelangen. Kleine Kinder lernen erst, Liebe zu geben und zu empfangen. Sie experimentieren mit verschiedenen Sprachen. Sie versuchen herauszubekommen, welche Verhaltensweisen und Reaktionen für sie selber am befriedigendsten sind. Eine bestimmte Vorliebe in einem frühen Lebensalter muss noch nicht von Dauer sein. Eine persönliche Liebessprache lässt sich daraus noch nicht ableiten. Vielleicht sieht in ein paar Monaten alles wieder ganz anders aus.

AUF DER SUCHE NACH DER LIEBESSPRACHE

Wenn Sie sich auf die Suche nach der persönlichen Liebessprache Ihres Kindes machen, sollten Sie nicht unbedingt mit Ihren Kindern darüber sprechen – vor allem nicht, wenn sie bereits Teenager sind. Kinder sind von Natur aus egoistisch. Wenn sie erst einmal herausbekommen haben, dass die Liebessprachen Ihr Verhalten beeinflussen, könnte es nämlich geschehen, dass sie sich das zunutze machen. Und plötzlich werden Sie manipuliert, um die Wünsche Ihres Kindes zu erfüllen.

So wünscht sich z. B. ein Kind sehnlichst ein Paar neue Fußballschuhe und benutzt die Liebessprache dazu, Sie zum Kauf zu bewegen. Ihr Sohn braucht nur zu behaupten, Geschenke seien seine Sprache der Liebe. Und wenn Sie ihn wirklich lieben würden, bliebe Ihnen nichts anderes übrig, als ihm die Schuhe zu kaufen. Als gewissenhafte Mutter, die bei der Suche nach der Liebessprache ihres Kindes keinen Fehler machen möchte, kaufen Sie die Schuhe, bevor Sie merken, dass Sie hereingelegt worden sind. Denken Sie immer daran:

!

Gute Erziehung bedeutet nicht, dem Kind jeden Wunsch zu erfüllen.

Sie können sich an folgende Punkte halten, wenn Sie die Liebessprache Ihres Kindes herausbekommen wollen:

WICHTIG

1. *Achten Sie darauf, wie Ihr Kind Ihnen gegenüber seine Liebe zum Ausdruck bringt*
Beobachten Sie Ihr Kind. Vielleicht spricht es schon seine eigene Liebessprache. Das betrifft vor allem die nicht mehr ganz kleinen Kinder, die noch unbewusst ihre Liebe durch diejenige Sprache ausdrücken, mit der auch sie angesprochen werden möchten. Wenn Ihr Siebenjähriger Sie oft lobt, können Sie davon ausgehen, dass seine Liebessprache Lob und Anerkennung ist. Bekommen Sie folgende anerkennende Bemerkungen von Ihrem Kind zu hören? „Hat gut geschmeckt, Mutti." – „Danke, Papa, dass du mir so toll bei den Hausaufgaben geholfen hast." – „Ich habe dich lieb, Mama." – „Ich wünsche dir einen schönen Tag, Vati." Diese Methode funktioniert bei den Teenagern nicht mehr so gut, vor allem, wenn sie geschickt im Manipulieren sind. Sie haben durch langjährige Erfahrung wahrscheinlich längst herausgefunden, dass sie durch ein paar nette Worte auch dann ihren Willen bekommen, wenn Sie als Vater oder Mutter noch recht unschlüssig sind. Deshalb ist diese erste Methode zur Überprüfung am geeignetsten für Kinder zwischen fünf und zehn.

2. Achten Sie darauf, wie Ihr Kind anderen gegenüber seine Liebe zum Ausdruck bringt
Wenn Ihr Erstklässler ständig den Wunsch äußert, seiner Lehrerin etwas mitbringen zu dürfen, könnte das ein Hinweis dafür sein, dass Schenken seine Liebessprache ist. Doch informativ ist diese Beobachtung nur dann, wenn Sie nicht vorher schon öfter das Kind animiert haben, etwas mitzunehmen. In diesem Fall lässt sich der Sohn oder die Tochter nur auf Ihre Anregung ein. Es muss also noch lange kein Ausdruck von Zuneigung sein – und erst recht kein Hinweis auf eine Liebessprache.

3. Achten Sie darauf, worum Ihr Kind am häufigsten bittet
Wenn Ihr Kind Sie oft bittet, mit ihm zu spielen, einen Spaziergang zu machen oder ihm vorzulesen, dann wünscht es sich Zuwendung und Nähe. Es möchte Zeit mit Ihnen verbringen und wünscht sich nichts sehnlicher als Ihre ungeteilte Aufmerksamkeit. Das wünschen sich natürlich grundsätzlich alle Kinder. Aber von einem Kind, das vor allem auf diese Weise Liebe empfängt, wird die Bitte um Zuwendung auffällig häufig gestellt.

Sollte Ihr Kind ständig seine Leistungen von Ihnen beurteilen lassen, dann könnte Lob und Anerkennung seine Liebessprache sein. Ihr Kind möchte gelobt werden, wenn es fragt: „Wie findest du mein Bild?“ – „Bin ich nicht schnell mit den Schularbeiten fertig geworden?“ – „Der Pulli sieht doch cool aus, oder?“ – „War mein Aufschlag heute nicht wieder spitze?“ Auch hier gilt wieder: Jedes Kind will gelobt werden und fragt entsprechend nach. Doch wenn ein Kind auffällig oft ein Lob haben will, ist dies ein ziemlich sicheres Zeichen dafür, dass Lob und Anerkennung seine persönliche Liebessprache ist.

4. Achten Sie darauf, worüber sich Ihr Kind am häufigsten beklagt
Diese Methode ist zwar nur eine Abwandlung der vorigen, aber sie ist deswegen nicht weniger aussagekräftig. Statt der Bitte äußert das Kind eine Klage und drückt auch damit einen Mangel aus. Wenn es sich beschwert: „Du hast nie Zeit für mich. Immer musst du dich ums Baby kümmern und wir gehen nie mehr in den Park“,

dann ist das nicht nur der Frust über das neue Geschwisterchen. Das Kind will damit auch sagen: „Seit das Baby da ist, fühle ich mich nicht mehr so geliebt von dir.“ Mit seiner Beschwerde fordert es also Zuwendung und Aufmerksamkeit ein.

Eine gelegentliche Klage ist noch kein Indiz für diese Liebessprache. Die beiläufige Bemerkung „Papa, du arbeitest zu viel“ ist möglicherweise nur das Echo eines von der Mutter aufgeschnappten Satzes. Oder die Klage „Ich möchte auch mal so weit wegfahren wie die Peters“ ist lediglich der Wunsch, den Nachbarn gegenüber nicht immer das Nachsehen zu haben.

Jedes Kind beklagt sich dann und wann. Es geht dabei meist um spontane Wünsche und Bedürfnisse, die noch auf keine Liebessprache hindeuten. Doch wenn man durch die Regelmäßigkeit eine gewisse Tendenz erkennt, sollte man schon aufmerksam werden. Es könnte ein Hinweis sein. Die Häufigkeit ist hier der Schlüssel.

5. Bieten Sie Ihrem Kind Alternativen an

Lassen Sie Ihrem Kind die Wahl, auf welche Weise Sie ihm Ihre Liebe zeigen sollen. So könnte der Vater zu seinem zehnjährigen Sohn sagen: „Eric, ich habe Donnerstagnachmittag frei. Wir könnten dann zusammen angeln gehen, oder wir gehen zusammen ins Sportgeschäft und ich kaufe dir ein Paar neue Fußballschuhe. Was wäre dir lieber?“ Der Junge kann sich nun entscheiden zwischen zwei Liebessprachen: Er kann Zeit mit dem Vater verbringen oder etwas geschenkt bekommen. Die Mutter könnte zu ihrer Tochter sagen: „Ich habe heute Abend etwas Zeit. Sollen wir einen Spaziergang machen oder soll ich dir den neuen Rock kürzer machen?“ Hier geht es um die Wahl zwischen Zuwendung und einem Liebesdienst.

Während Sie das mehrere Wochen so machen, sollten Sie sich die Entscheidungen Ihres Kindes merken und vielleicht sogar aufschreiben. Wenn sich ein eindeutiger Trend abzeichnet und immer wieder eine der fünf Liebessprachen gewählt wird, dann haben Sie wahrscheinlich diejenige entdeckt, die dem Kind am stärksten Ihre Liebe vermittelt. Es wird vorkommen, dass sich das Kind für keine der beiden angebotenen Möglichkeiten entscheidet und eine dritte Möglichkeit vorschlägt. Merken Sie sich auch diese Wahl, denn auch sie gibt möglicherweise Hinweise.

Wenn sich Ihr Kind wundert, warum Sie ihm plötzlich auffällig oft solche Vorschläge machen, dann könnten Sie antworten: „Ich habe darüber nachgedacht, wie ich mehr Zeit für die Familie investieren könnte. Und wenn ich mir schon die Zeit nehme, dann ist es doch gut, wenn ich weiß, was du dir wünschst.“ Auch wenn Sie die Sprachen der Liebe nicht erwähnt haben, so entspricht Ihre Aussage dennoch der Wahrheit. Sie wollen durchaus auch, dass Ihr Kind lernt, Entscheidungen zu treffen.

VORSCHLÄGE, DIE AUF DIE LIEBESSPRACHE HINWEISEN

Vorschläge für das fünfjährige Kind

Die Vorschläge, die Sie machen, sollten vom Alter und von den Interessen des Kindes abhängen. Es folgen ein paar Beispiele, die lediglich Ihre Fantasie anregen sollen.

„Soll ich für dich noch schnell ein paar Pfannkuchen backen oder sollen wir zusammen zum Spielplatz gehen?" (Hilfsbereitschaft – Zweisamkeit)

„Wollen wir einen kleinen Ringkampf machen oder soll ich dir lieber etwas vorlesen?" (Körperkontakt – Zweisamkeit)

„Wenn ich jetzt einige Tage verreist bin, soll ich dir ein Geschenk mitbringen oder dir jeden Abend am Telefon ins Ohr flüstern, was ich an dir toll finde?" (Geschenke – Lob und Anerkennung)

„Wollen wir ein Spiel spielen? Es heißt: Das finde ich toll an dir. Jeder muss sagen, was er am anderen toll findet. Und wem mehr einfällt, der hat gewonnen. Oder soll ich dir lieber deine kaputte Feuerwehr reparieren?" (Lob und Anerkennung – Hilfsbereitschaft)

Bei dem Spiel „Das finde ich toll an dir" haben beide wechselseitig die Gelegenheit, dem anderen ein Kompliment zu machen. Da fallen einem sicher eine Menge Sachen ein: „Ich mag dich, weil du so niedlich lachen kannst." Das Kind sagt dann vielleicht: „Ich mag dich, weil du mir immer Geschichten vorliest." Die Mutter sagt: „Ich mag dich, weil du immer so lieb zu deiner Schwester bist." Das ist eine nette Art, das Kind zu loben und ihm Gelegenheit zu geben, seinerseits den Eltern etwas Freundliches zu sagen. Wenn das Kind etwas älter ist, könnte man als weitere Regel die Reihenfolge der Liebessprachen einführen: „... weil du immer so schön aufräumst." – „... weil du bei mir bist." usw.

Vorschläge für das zehnjährige Kind

Ist Ihr Kind um die zehn, könnten Sie folgende Vorschläge machen:

„Möchtest du zum Geburtstag ein neues Fahrrad oder einen Gutschein für eine kleine Reise mit uns (mir)?“ (Geschenke – Zweisamkeit)

„Soll ich dir deinen abgestürzten Computer wieder in Ordnung bringen oder wollen wir lieber draußen Basketball spielen?“ (Hilfsbereitschaft – Zweisamkeit und Körperkontakt)

„Wenn wir am Wochenende Oma besuchen, soll ich dein Zeugnis einpacken, damit sie sieht, wie gut du letztes Jahr in der Schule warst? Oder sollen wir gar nichts sagen, aber ich kaufe dir dafür eine Belohnung?“ (Lob und Anerkennung – Geschenke)

„Was wäre dir lieber – wenn ich zuschauen komme bei deinem Fußballtraining oder einkaufen gehe und dir ein neues T-Shirt besorge?“ (Zweisamkeit – Geschenke)

Vorschläge für den fünfzehnjährigen Teenager

Sie und Ihr Teenager haben ein gebrauchtes Mofa gekauft, das Sie erst noch instand setzen müssen, bevor es benutzt werden kann. Ihr Vorschlag lautet: „Wollen wir uns am Samstag zusammen das Mofa vornehmen oder soll ich es allein reparieren, damit du zu deinen Freunden gehen kannst?“ (Zweisamkeit – Hilfsbereitschaft)

„Sollen wir am Samstag ein Sakko für dich kaufen oder sollen wir – weil Papa unterwegs ist – lieber zur Waldhütte fahren und es uns dort gemütlich machen?“ (Geschenke – Zweisamkeit)

„Wir beide sind heute Abend ganz allein. Sollen wir essen gehen oder soll ich dir deine Lieblingspizza zum Abendbrot machen?“ (Zweisamkeit – Hilfsbereitschaft)

„Du wirkst so enttäuscht und frustriert. Ich möchte dir irgendetwas Gutes tun. Soll ich mich zu dir setzen und dich ein bisschen aufmuntern? Oder ist es dir lieber, wenn ich dir einfach nur mal die Schultern massiere?“ (Lob und Anerkennung – Körperkontakt)

Nur wenn Sie regelmäßig solche Alternativen anbieten, können Sie einen Trend ausmachen, der für eine bestimmte Liebessprache spricht. 20-30 solcher Alternativen sollten Sie schon angeboten haben. Erst dann können Sie einigermaßen sicher sein. Einzelne Entscheidungen geben möglicherweise nur eine momentane Stimmung wieder.

Wenn Sie es besonders gut machen wollen, sollten Sie sich etwa zwanzig solcher Alternativen ausdenken und versuchen, die fünf Sprachen der Liebe darin gleichmäßig zu verteilen. Machen Sie ein kleines Forschungsprojekt daraus. Ihr Teenager wird sich wahrscheinlich sogar ziemlich kooperativ zeigen. Und das Ergebnis wird besonders aussagekräftig sein.

Das 15-Wochen-Experiment

Sollte Ihre bisherige Vorgehensweise keine eindeutigen Hinweise geben, können Sie noch ein weiteres Experiment machen. Wenn Sie es aber starten, dann sollten Sie die dazu nötigen fünfzehn Wochen auch durchhalten.

Wählen Sie eine der fünf Liebessprachen aus, auf die Sie sich in den nächsten vierzehn Tagen konzentrieren wollen. Haben Sie sich z. B. für die Zweisamkeit entschieden, sollten Sie versuchen, Ihrem Kind jeden Tag durch ungeteilte Aufmerksamkeit Ihre Liebe zu zeigen – und das mindestens eine halbe Stunde lang. Bringen Sie, wenn es passt, das Frühstück ans Bett und setzen Sie sich dazu. Sie können auch ein Brettspiel machen oder gemeinsam ein Buch lesen und darüber diskutieren. Beobachten Sie dann, wie sich das Kind verhält. Wenn es nach vierzehn Tagen bekundet, nun wieder mehr Zeit für sich haben zu wollen, dann müssen Sie auf jeden Fall weitersuchen. Wenn es allerdings bei jedem neuen Vorschlag freudestrahlend zustimmt und sich positiv über so viel Zeit mit Ihnen äußert, dann haben Sie möglicherweise schon gefunden, was Sie gesucht haben.

Nach diesen vierzehn Tagen sollten Sie eine Pause einlegen. Reduzieren Sie Ihr Engagement auf ein Drittel. Dadurch „normalisiert“ sich Ihre Beziehung wieder. Inzwischen entscheiden Sie sich für eine weitere Liebessprache, auf die Sie sich nun in den folgenden zwei Wochen konzentrieren. Sollten Sie sich für den Körperkontakt entschieden haben, sollten Sie versuchen, mindestens viermal am Tag körperliche Nähe zu Ihrem Kind herzustellen. Bevor es morgens das Haus verlässt, sollten Sie es umarmen und ihm einen Abschiedskuss geben. Und auch bei der Heimkehr am Mittag nehmen Sie es in die Arme. Wenn sich die Tochter an den Esstisch setzt, könnten Sie ihr den Rücken massieren. Später beim Fernsehen setzen Sie sich neben Ihren Sohn aufs Sofa und legen Ihren Arm um seine Schultern. Seien Sie jeden Tag so „anhänglich“ und entwickeln Sie dabei Fantasie. Wichtig aber ist, dass Sie mindestens viermal am Tag Ihrem Kind körperlich nahe kommen.

Beobachten Sie seine Reaktionen. Wenn sich der Sohn oder die Tochter nach vierzehn Tagen immer öfter Ihren Annäherungsversuchen entzieht oder sogar sagt: „Lass mich mal etwas mehr in Ruhe!“, dann wissen Sie, dass Körperkontakt auf keinen Fall seine oder ihre Liebessprache ist. Sollte sich das Kind all das mit Wohlbehagen gefallen lassen und Ihnen entsprechendes Feedback geben, dann sind Sie auf der richtigen Spur.

In der Woche danach sollten Sie sich wieder etwas zurückhalten und die Reaktion darauf beobachten. Nun suchen Sie sich eine weitere Liebessprache aus und verfahren entsprechend. Aufmerksames Beobachten ist jetzt besonders wichtig. Es könnte nämlich sein, dass Ihr Kind nach einer bereits ausprobierten Liebessprache Verlangen zeigt. Auch das ist ein Hinweis. Vielleicht beschwert es sich, weil Sie Ihr Verhalten von voriger Woche verändert haben. Auch das ist vielsagend.

Sollte Ihrem Kind etwas auffallen und sollte es Sie nach Ihrem ungewöhnlichen Verhalten fragen, dann könnten Sie antworten: „Ich möchte dir auf vielerlei Weise zeigen, dass ich dich lieb habe. Du sollst wissen, wie wichtig du mir bist.“

> **!** Sprechen Sie nicht mit Ihrem Kind über das Prinzip der fünf Sprachen der Liebe.

Und vergessen Sie im Laufe dieser Wochen nicht, dass Ihr Sohn oder Ihre Tochter durch *alle* Liebessprachen Zuneigung erfahren muss – durch freundliche Worte, durch ungeteilte Aufmerksamkeit, durch Liebesdienste, durch Geschenke und durch Körperkontakt.

Wenn Teenager im Haus sind …

Wenn Sie es gerade mit Teenagern zu tun haben, wissen Sie, dass es kaum eine schwierigere Aufgabe gibt, als bei den jungen Leuten den richtigen Ton zu treffen.

> **!** Bei Teenagern ist das Verhältnis zur Liebe und zum Geliebtwerden abhängig von ihren Stimmungen.

Die meisten jungen Menschen durchlaufen eine Phase, die man die „Brummelzeit" nennen könnte, denn mehr als ein mehr oder weniger unverständliches Brummeln können Sie ihnen kaum entlocken:

Mutter: „Hallo, wie geht's dir so?"
Tim (kaum zu verstehen): „Schon gut."
Mutter: „Was habt Ihr heute Vormittag gemacht?"
Tim (kaum zu hören): „Nichts Besonderes."

Ein Mensch in dieser Phase ist wahrscheinlich für keine der Liebessprachen besonders zugänglich. Vielleicht gelingt Ihnen, wenn Sie besonders flink reagieren, hier und da ein flüchtiger Körperkontakt, wenn Ihr „Delfin" für einen kurzen Augenblick an die Wasseroberfläche kommt, um nach Luft zu schnappen. In solchen Augenblicken, in denen sie ein bisschen ausgeglichener als sonst wirken, werden Sie ihnen all Ihre Liebe und Zuneigung zeigen wollen – möglichst in ihrer eigenen Liebessprache.

Unsere Teenager machen es uns oft nicht besonders leicht, ihren Liebestank zu füllen.

Sie stellen uns zuweilen sogar auf die Probe, um zu sehen, ob wir sie wirklich lieben. Sie geben sich ohne ersichtlichen Grund mürrischer, als sie es in Wirklichkeit sind. Sie stellen Probleme übertrieben dar oder leisten passiven Widerstand. Das mag unbewusst der Versuch sein, auf diese Weise herauszubekommen, ob wir sie wirklich lieben.

Das ist ein Test für uns Eltern. Wenn wir jetzt ruhig und gelassen bleiben (standhaft, aber freundlich), dann werden wir diesen Test bestehen. Und unsere Teenager werden auch diese Phase eines Tages überwunden haben.

Viele Eltern bestehen diesen Test nicht. Sie reagieren ungehalten, werden wütend und äußern sich negativ. Das aber hilft den jungen Leuten nicht. Sie schaffen es dann nicht, ihr inneres Aufbegehren in die richtigen Bahnen zu lenken. Dabei ist Rebellion so typisch für diese Phase.

Als Dan dreizehn war, begann er seine Eltern auf die Probe zu stellen. Jim, sein Vater, war zunächst ziemlich irritiert. Doch dann wurde ihm etwas klar: Er hatte nicht verhindert, dass Dans Liebestank austrocknete. Er wusste inzwischen, dass Dans Liebessprache Zuwendung und Zweisamkeit war. Und so entschloss er sich, ein ganzes Wochenende allein mit seinem Sohn zu verbringen, um seinen Liebestank wieder aufzufüllen. Das war gar nicht so einfach, weil die Tanks bei jungen Menschen besonders groß sind. Nach ihrer Rückkehr war sich der Vater sicher, dass er erreicht hatte, was er sich vorgenommen hatte. Und er war entschlossen, Dans Liebestank niemals wieder so austrocknen zu lassen.

Noch an dem Abend, an dem sie heimkehrten, hatte Jim einen wichtigen Termin. Dan wusste davon. Gerade als Jim das Haus verlassen wollte, rief Dan ihm hinterher: „Einen Moment noch, Vater!“ Es sollte wieder ein Test werden. Dan wagte es doch tatsächlich, nach diesem Wochenende zu fragen: „Liebst du mich eigentlich, Vater?“ Viele Eltern bestehen solch einen Test nicht und verderben damit alles.

Jim erkannte allerdings sofort, was hier gespielt wurde, und er vertröstete seinen Sohn auf später. „Ich muss jetzt erst mal zu meinem Termin. Wir können uns ja zusammensetzen, wenn ich wieder zu Hause bin – sagen wir um halb zehn.“

Jim hätte auch verärgert reagieren und sagen können: „Ich habe ein ganzes Wochenende mit dir verbracht! Was willst du denn noch als Beweis?“ Und damit hätte er möglicherweise den Liebestank seines Sohnes gleich wieder durchlöchert, den er doch gerade mühevoll 48 Stunden lang gefüllt hatte.

Wir Eltern müssen uns immer wieder vor Augen halten, dass das Erlernen der Liebessprachen ein Reifeprozess ist. Und erwachsen wird man nur ganz allmählich. Es ist eine beschwerliche, manchmal sogar mit Leid einhergehende Reise. Uns Eltern bleibt dabei nur, möglichst flexibel zu reagieren; und das können wir am besten, wenn wir alle fünf Sprachen der Liebe beherrschen. Unser Vorbild wird dann die Kinder animieren, ihrerseits alle fünf Sprachen der Liebe zu sprechen und zu verstehen. So können wir zuversichtlich in die Zukunft schauen, weil unsere Kinder mit der Fähigkeit ins Leben treten, Liebe auf mannigfache Weise zu schenken. Und damit werden auch sie wieder zum Vorbild für viele.

8 | Strafen und die Sprachen der Liebe

Welches Wort klingt heutzutage negativ: Liebe, Herzensgüte, Lachen, Erziehung? Richtig! Erziehung hat heute einen negativen Klang bekommen, weil man dabei an Zucht und Disziplin denkt. Und das ist inzwischen verpönt. Dabei ist Erziehung zur Disziplin überhaupt nichts Negatives. Erziehung ist die Aufgabe, unsere Kinder viele Jahre wachsam und engagiert zu begleiten, bis aus dem Säugling ein erwachsener Mensch geworden ist. Das Ziel ist es, unser Kind zu befähigen, in der Welt der Erwachsenen seinen Platz zu finden und Verantwortung zu übernehmen. Und das ist doch ein positives Anliegen – oder?

Kommunikation ist das Schlüsselwort für alle unsere Bemühungen, dem Kind bei der Entfaltung seines Charakters zur Seite zu stehen, damit es sich konstruktiv in seine Umwelt einfügen kann.

Dazu werden Sie Ihrem Kind vieles beibringen müssen: Sie werden ihm als gutes Beispiel vorangehen. Sie werden es unterweisen, lehren und ihm die Frohe Botschaft verkündigen. Sie werden ihm korrektes Benehmen ans Herz legen, es praktische Lebenserfahrungen machen lassen und vieles mehr. Zur Kommunikation zwischen Eltern und Kind gehört auch die Strafe. Doch damit wird leider oft übertrieben. Viele Eltern glauben nämlich, dass die Strafe die erste und wichtigste Erziehungsmaßnahme sei.

Manche Eltern, vor allem wenn sie selber früher kaum Liebe empfangen haben, vernachlässigen die Fürsorge zugunsten einer durch disziplinarische Maßnahmen gekennzeichneten Erziehung.

> Disziplin ohne Liebe ist wie der Versuch, einen Motor ohne Öl laufen zu lassen.

Eine Weile scheint alles gut zu gehen, doch plötzlich bleibt er stehen. Und dann ist der Jammer groß.

Weil der Begriff Erziehung häufig genug in seiner Bedeutung eher auf das Disziplinarische beschränkt wird, wollen wir uns in diesem Kapitel auch mit der Strafe als Erziehungsmaßnahme beschäftigen, jedoch im folgenden Kapitel ausführlicher auf die positiven Aspekte wie Unterweisung und Lernen eingehen. In beiden Fällen wollen wir zu ergründen versuchen, wie die Liebessprachen uns dabei helfen, unsere Kinder „richtig" zu strafen und zu unterweisen.

AUF DEM WEG ZUR GEREIFTEN PERSÖNLICHKEIT

Erziehung wird allgemein definiert als Herstellung elterlicher Autorität, Anwendung charakterbildender Maßnahmen und Beistand der Eltern bei deren Umsetzung im praktischen Leben. Jede Kultur und Epoche hat ihre eigenen Vorstellungen davon, was ein gereifter Erwachsener ist. Deshalb sind die aufgezeigten Wege dahin sehr unterschiedlich. Erst im 20. Jahrhundert fingen Menschen an zu glauben, man könne ohne eine disziplinierende Erziehung auskommen. Aber diese sogenannte antiautoritäre Erziehung bringt gewiss keine glücklicheren und verantwortungsbewussteren Kinder hervor.

> In allen Kulturen und Gesellschaften wird der Mensch als ein moralisches Wesen gesehen.

Innerhalb einer Gesellschaft gibt es Verhaltensweisen, die als richtig angesehen werden, und solche, die man für falsch hält. Es gibt akzeptables Verhalten und inakzeptables. Die Maßstäbe ändern sich von Kultur zu Kultur, aber eine gänzlich amoralische Gesellschaft hat es bisher noch nicht gegeben. Überall gibt es Normen, Regeln, Gesetze und ethische Konventionen. Wenn Einzelne sich entschließen, außerhalb dieser gesellschaftlichen Konventionen zu leben, so schaden sie nicht nur sich selber, sondern auch der Gesellschaft, in der sie leben.

Die Eltern sind im Allgemeinen die Menschen, die die Erziehungsaufgabe wahrnehmen. Sie vermitteln ihren Nachkommen die in der jeweiligen Gesellschaft akzeptierten Werte und Normen. Säuglinge und Kleinkinder sind noch nicht urteilsfähig und deshalb auch ohne ihre Eltern nicht lebensfähig. In diesem frühen Lebensabschnitt müssen Eltern Regeln auferlegen und die Einhaltung streng überwachen. Sie werden Lars nicht erlauben, in die Flamme zu greifen, so attraktiv der helle Schimmer auch sein mag. Als Kleinkind wird man ihn nicht unbeaufsichtigt auf die Straße lassen, damit er nicht von einem Auto erfasst wird. Und seine Eltern müssen Medikamente und giftige Substanzen von ihm fernhalten.

Mehr als ein Jahrzehnt werden sich die Eltern der Aufgabe widmen müssen, ihren Säugling zu einem Kind mit einem akzeptablen Maß an Selbstdisziplin heranwachsen zu lassen. Das ist eine heikle und schwierige Aufgabe, die Weisheit, Fantasie, Geduld und sehr viel Liebe verlangt.

Normen und Erziehungsmethoden werden von Familie zu Familie unterschiedlich festgelegt. Bei den Naturvölkern sind die Unterschiede nicht so groß, aber in unserer pluralistischen Gesellschaft ist die Bandbreite erheblich. Inzwischen haben sich sogar schon die Wissenschaften mit der Entwicklung unserer Kinder beschäftigt und uns gesagt, wie wir es richtig machen müssen. Doch dadurch haben viele Eltern den natürlichen Bezug zur Erziehung verloren. Wissenschaftliche Erkenntnisse haben oft Vorrang vor dem gesunden Menschenverstand. Sie vertrauen der Wissenschaft mehr als der Tradition. Sie verlassen sich auf den Rat der Experten. Doch diese selbst ernannten Autoritäten kommen mit widersprüchlichen Theorien und deshalb sind ihre Ratschläge ziemlich schwer zu beurteilen. So kommt es, dass jede Familie ihre Kinder anders erzieht. Es würde den Rahmen dieses Buches sprengen, hier auf jede Variante einzugehen.

LIEBE UND DIE ERZIEHUNG ZUR DISZIPLIN

!

Liebe berücksichtigt die Interessen des anderen.

Die gütige Erziehung zur Disziplin ebenfalls! Auch sie ist deshalb ein Ausdruck von Liebe. Und je geliebter sich ein Kind fühlt, desto leichter ist es anzuleiten und zu führen. Der Grund liegt darin, dass das Kind sich mit seinen Eltern identifizieren muss, um ihre Führung ohne Groll, Feindseligkeit und Trotz anzuerkennen. Dazu aber müssen wir den Liebestank unseres Kindes gefüllt halten.

Erst die Liebe, dann das Verhaltenstraining!

Wenn sich das Kind nicht mit seinen Eltern identifizieren kann, wird es jede Bitte und jedes Gebot als Fremdbestimmung empfinden und sich allem innerlich widersetzen. In extremen Fällen entwickelt ein Kind so viel Trotz gegen die vermeintliche Bevormundung, dass es gegen jede elterliche Autorität aufbegehrt, nur noch das Gegenteil von dem tut, was von ihm erwartet wird, und so schließlich jede Autorität missachtet. Das ist heute nichts Ungewöhnliches mehr.

PRAXISBEISPIEL

Luca ist zehn. Sein Vater arbeitet als Handelsvertreter. Durch seinen Beruf ist er vier bis fünf Tage in der Woche unterwegs und kommt auch abends nicht nach Hause. Am Wochenende mäht er den Rasen und beschäftigt sich anderweitig im Haus. Gelegentlich geht er am Samstag zu einem Fußballspiel. Luca hat nicht viel von seinem Vater. Da seine persönliche Liebessprache die Zweisamkeit ist, erfährt er nicht viel Liebe von seinem Vater. Dieser ist körperlich und seelisch verbraucht, wenn er am Wochenende nach Hause kommt, und nicht in der Stimmung für kindischen Schabernack. Typisch für diese Konstellation ist der barsche Umgangston in der Erziehung. Dieser Vater glaubt, dass sein Sohn Strenge braucht, um zu einem verantwortungsbewussten jungen Mann heranzureifen. Tatsächlich aber nimmt Luca diese Strenge übel und er fürchtet sich vor seinem Vater. Er hat keine Motivation, sich seinem Vater zu fügen, und so geht er ihm am Wochenende möglichst aus dem Weg.

Selbst der flüchtige Beobachter wird einen Zusammenhang zwischen der Lieblosigkeit des Vaters und der Respektlosigkeit des Sohnes erkennen. Der barsche Ton und die Strenge des Vaters werden vielleicht von einem Kind toleriert, das sich trotz alledem in der Liebe seines Vaters geborgen fühlt. Wenn aber der Liebestank leer ist – wie in Lucas Fall –, bewirkt Strenge nicht Verantwortungsbewusstsein, sondern nur Bitterkeit.

Würde sich Luca in der Liebe des Vaters geborgen fühlen, könnte er sich wenigstens immer wieder sagen, dass hinter der Strenge des Vaters – zumindest aus dessen Sicht – nur gute Absicht steht. Doch weil er sich ungeliebt fühlt, ist für ihn die Strenge des Vaters purer Egoismus.

Luca kommt immer mehr zu der Erkenntnis, dass er seinem Vater lästig ist, und darunter leidet natürlich sein Selbstwertgefühl.

GRUNDVORAUSSETZUNGEN FÜR LIEBEVOLLE STRENGE

Bevor wir ein Kind mit einem klaren Konzept und mit Konsequenz in Liebe erziehen können, müssen wir uns zwei wichtige Fragen stellen:

Wie liebt ein Kind?

Was braucht ein Kind, wenn es sich ungehörig benimmt?

WIE KINDER LIEBEN

Liebt ein Kind anders? Ja, es liebt kindlich. Erwachsene streben noch nach der bedingungslosen Liebe. Sie versagen dabei allerdings recht häufig und geben sich dann mit einer Liebe zufrieden, die von der Gegenliebe abhängig ist. John ist in Maria verliebt. Er möchte, dass sie sich auch in ihn verliebt. Er zeigt sich deshalb von seiner besten Seite. Er ist galant, hilfsbereit, freundlich, respektvoll und zuvorkommend. Weil er sich aber der Liebe seiner Freundin nicht sicher ist, versucht er, sie sich zu verdienen. Er möchte Liebe ernten, indem er Gegenliebe anbietet.

Die Liebe eines Kindes aber ist weder auf ein ausgewogenes Verhältnis von Liebe und Gegenliebe aus, noch ist sie bedingungslos. Die Liebe eines Kindes ist egozentrisch.

! Ein Kind spürt, dass es Liebe braucht. Sein Liebestank soll voll sein.

Es ist sich aber nicht bewusst, dass auch die Eltern Liebe brauchen. Wichtig für das Kind ist nur der Zustand des eigenen Liebestanks. Ist er nur wenig gefüllt oder sogar leer, dann gerät es in Panik und fragt: „Liebst du mich noch?“ Die Antwort der Eltern auf diese Frage ist mitverantwortlich für das weitere Verhalten des Kindes, denn Hauptursache für schlechtes Benehmen ist ein leerer Liebestank.

Mit seinem Verhalten stellt ein Kind seinen Eltern die Frage: „Habt ihr mich lieb?“

Manche Eltern meinen, das Kind habe sich Liebe und Zuneigung durch Wohlverhalten zu verdienen. Aber das ist ja gerade nicht möglich. Ein Kind prüft ständig das Maß unserer Liebe durch sein Verhalten. Es fragt: „Hast du mich lieb?“ Wenn wir antworten: „Ja, ich habe dich lieb“, und darüber hinaus seinen Liebestank füllen, dann führt das zur Entspannung. Das Kind steht nicht mehr unter dem Druck, uns prüfen zu müssen. Das aber erleichtert es auch uns, es anzuleiten und Einfluss auf sein Verhalten zu nehmen. Wenn wir allerdings Wohlverhalten als Vorbedingung für liebevolle Zuwendung erwarten, dann werden wir eine Enttäuschung nach der anderen erleben, weil das Kind uns prüft und keine positive Antwort erhält. Wir werden unser Kind für ungezogen, frech und lieblos halten und nicht begreifen, dass es gerade jetzt unserer Liebe sicher sein sollte.

Wenn ein Kind durch sein Betragen die Frage nach unserer Liebe stellt, wird uns dieses Verhalten oft nicht gefallen. Ein Kind, das zweifelt und sich nicht sicher fühlt, wird unangenehm auffallen. Nichts kann ein Kind mehr in Verzweiflung stürzen als das Gefühl, nicht geliebt zu werden. Es ist deshalb völlig zwecklos, Wohlverhalten einzufordern, ohne zuvor dem Kind die Sicherheit zu geben, von uns geliebt zu werden. Das ist unsere Pflicht! Wir müssen zuerst dafür sorgen, dass sein Liebestank durch alle fünf Sprachen der Liebe gefüllt ist.

Die zweite Frage, die wir uns im Zusammenhang mit unserer Erziehung stellen müssen, lautet: „Was braucht mein Kind, wenn es sich ungehörig benimmt?“ Doch sobald sich ein Kind auffällig verhält, stellen sich viele Eltern zuallererst die Frage: „Was kann ich tun, damit es sich wieder ordentlich benimmt?“ Die konsequente Antwort auf solch eine Frage lautet natürlich: „Strafe!“ Und das ist auch der Grund, warum das Thema Strafe gerade auch in christlichen Kreisen so bedeutungsvoll ist. Es wird oft gar nicht erst darüber nachgedacht, ob es nicht angemessenere und wirkungsvollere Erziehungsmethoden gibt.

> Ein Kind kann sich nicht geliebt fühlen, wenn wir Fehlverhalten immer gleich bestrafen. Dann verschütten wir den Zugang zu den wahren Nöten des Kindes.

!

Fragen wir jedoch zuallererst: „Was braucht dieses Kind jetzt?“, dann sind wir offen für verschiedene vernünftige Lösungen und unsere Reaktion wird angemessen sein. Die Not hinter dem Fehlverhalten eines Kindes zu übersehen bedeutet, dass wir mit großer Wahrscheinlichkeit nicht angemessen reagieren. Die Frage „Was kann ich tun, damit sich mein Kind wieder ordentlich benimmt?“ wird leider oft nur mit einer gedankenlos verordneten Strafe beantwortet. Doch wenn ich nach dem Bedürfnis oder nach der Not meines Kindes frage, kann ich mit einiger Zuversicht erwarten, eine Lösung für den Konflikt zu finden.

URSACHE FÜR FEHLVERHALTEN: EIN LEERER LIEBESTANK

Wenn Ihr Kind ungezogen ist und Sie sich gefragt haben, was es braucht, muss gleich die nächste Frage lauten: „Muss ich dem Kind vielleicht den Liebestank füllen?"

Das Fehlverhalten selbst sollte natürlich nicht übergangen werden. Doch wenn wir falsch reagieren – entweder zu streng oder zu nachgiebig –, werden wir die Probleme mit diesem Kind nicht los und alles wird nur noch schwieriger,

sobald der Sohn oder die Tochter in die Pubertät kommt. Ja, wir müssen unser Kind so erziehen, dass es seinen Platz in der Gesellschaft findet. Die Strafe ist niemals ein Patentrezept dafür, auf das wir zuallererst zurückgreifen sollten.

Kleinkinder lassen sich den größten Unsinn einfallen, wenn sie uns „durch die Blume" die Frage nach unserer Liebe stellen.

Erwachsene können sich gar nicht vorstellen, dass man damit etwas Positives bezwecken will. Doch sobald uns bewusst wird, dass sie damit tatsächlich um unsere Liebe werben, begreifen wir etwas sehr Wichtiges: Wir haben es mit Kindern zu tun, denen gegenüber wir zuallererst die Verantwortung tragen, ihren Liebestank zu füllen. Erst danach stellt sich uns die Aufgabe, sie zurechtzuweisen und ihnen den Weg ins Leben zu zeigen.

ANDERE URSACHEN: KÖRPERLICHE PROBLEME

Es wäre relativ einfach, wenn jedes auffällige Verhalten unseres Kindes auf einen leeren Liebestank zurückzuführen wäre. Das ist natürlich nicht der Fall. Was tun wir, wenn ein Kind ungezogen ist, obwohl der Liebestank voll ist?

Nachdem Sie sich gefragt haben, was das Kind brauchen könnte, und Sie zu dem Schluss gekommen sind, am leeren Liebestank könne es nicht liegen, sollten Sie durchaus ein körperliches Problem in Erwägung ziehen. Das ist die zweithäufigste Ursache für auffälliges Benehmen bei Kindern. Und je kleiner das Kind ist, desto stärker ist sein Verhalten vom körperlichen Befinden abhängig. „Hat mein Kind vielleicht Schmerzen? Ist es hungrig oder durstig, müde oder krank?" Auch bei solchen körperlichen Ursachen dürfen wir über Fehlverhalten nicht hinwegsehen. Man kann das Problem meist schnell beseitigen, wenn es am körperlichen Befinden liegt.

AUF REUE MUSS VERGEBUNG FOLGEN

Nehmen wir an, Sie kommen zu dem Schluss, dass das Fehlverhalten Ihres Kindes nicht körperlich verursacht ist. Welche Frage sollten Sie sich dann stellen? „Hat mein Kind bereits ein Unrechtsbewusstsein entwickelt?" Wenn es einem Kind wirklich leid tut, was es angestellt hat, kann man die Angelegenheit auf sich beruhen lassen. Es hat etwas gelernt und Reue gezeigt. Jede Strafe würde jetzt mehr schaden als nützen.

> Wenn ein Kind wirklich Reue zeigt, bedeutet dies, dass sein Gewissen entwickelt und lebendig ist.

!

Wenn aus einem Schuldbewusstsein echte Reue geworden ist, sollten Sie Ihr Kind nicht mehr bestrafen, sondern ihm vergeben. Das sind Erfahrungen, die ein junger Mensch mit ins Leben nimmt. Wir lehren unsere Kinder, was Vergebung ist. Dadurch, dass das Kind Vergebung erfährt, lernt es, sich selber und anderen zu vergeben. Das ist ein großes Geschenk, das wir unseren Kindern machen können. Haben Sie schon einmal ein Kind beobachtet, dem eine böse Tat wirklich leid tat und dem dann von den Eltern vergeben wurde? Das sind Augenblicke, die man nicht wieder so schnell vergisst. Das Kind strahlt vor Freude und Erleichterung.

Um aber ganz zu erfassen, was Vergebung ist, sollen Ihre Kinder auch die Erfahrung machen, dass Sie sich entschuldigen müssen, wenn Sie jemandem unrecht getan haben.

WIE WIR EINFLUSS NEHMEN

Als Eltern machen wir uns oft gar nicht klar, auf welch mannigfache und teilweise subtile Weise wir auf unsere Kinder Einfluss nehmen. Wenn wir es richtig anstellen, können wir sie so führen und beeinflussen, dass sie sich selber korrigieren und eine Strafe als letzte Maßnahme nicht mehr notwendig ist. Wir möchten Ihnen fünf Methoden der Einflussnahme vorstellen. Wenn Sie diesen Abschnitt lesen, sollten Sie vielleicht einmal darüber nachdenken, wie Sie bisher vorgegangen sind, Ihre Kinder zurechtzuweisen und anzuleiten. Es könnte ja sein, dass Sie in Zukunft einiges anders machen wollen und ein paar Tipps von uns aufgreifen.

1. *Wünsche äußern*

Geäußerte Wünsche sind wohl die positivste Art, Einfluss zu nehmen. Eine Bitte schmeichelt dem Kind und verhindert, dass Groll entsteht, wie das bei einem Ge- oder Verbot so oft der Fall ist. Eine Bitte lässt einen freundlichen Ton zu. Und das ist es ja auch, was wir uns vorgenommen haben: freundlich, aber konsequent zu sein.

Mit einer Bitte vermitteln wir gleich drei nonverbale Botschaften: Erstens sagen wir damit, dass wir die Gefühle des Kindes respektieren. Und zweitens gestehen wir ihm eine eigene Meinung zu.

Drittens aber – und das ist der wichtigste Punkt – signalisieren wir unserem Kind, dass wir ihm Verantwortung für das eigene Verhalten übertragen. Und das tut heutzutage ganz besonders Not.

> Ein Kind lernt nur dann Verantwortung zu übernehmen, wenn man ihm häufig genug die Möglichkeit dazu gibt.

Ein Kind, das auf diese Weise erzogen wird, bekommt das Gefühl, dass die Entwicklung seines Charakters im Teamwork mit seinen Eltern vonstatten geht. Das ist keine antiautoritäre Erziehung, denn die Eltern geben ihre Autorität keineswegs ab und sie fordern auch noch immer Respekt. Ein Kind, dem so begegnet wird, respektiert seine Eltern umso mehr, weil sie es nicht zum Befehlsempfänger degradieren, sondern deutlich werden lassen, dass sie nur das Beste wollen.

!

2. Ge- und Verbote

Zuweilen sind Ge- und Verbote allerdings unumgänglich. Wenn man die Wahl hat, ist eine Bitte in jedem Fall vorzuziehen. Doch wenn die Bitte zu keinem Ergebnis führt, müssen wir etwas anordnen oder verbieten. Der Druck wird jedoch erhöht. Der Befehl ist eine negative Art der Einflussnahme, weil der Tonfall nicht mehr so freundlich sein kann. Da Druck Gegendruck hervorruft, reagiert das Kind auch nicht mehr so willig. Vielmehr entstehen Ärger und Groll, vor allem, wenn dem Kind häufig Vorschriften gemacht werden. Auch die den Befehl begleitenden nonverbalen Botschaften sind meist negativ. Weil man dem Kind ein Verhalten vorschreibt, ohne dass es dazu wirkungsvoll Stellung beziehen kann, muss es glauben, seine Gefühle und seine Meinung würden nicht respektiert. Vor allem aber wird dem Kind die Verantwortung für sein Handeln entzogen, denn unsere Botschaft lautet: „Mir ist egal, was du darüber denkst und fühlst. Mach dir keine Gedanken, die Verantwortung für alles übernehme ich. Dafür erwarte ich von dir, dass du tust, was ich dir sage."

Je öfter Sie sich solcher autoritärer Techniken bedienen, ob Sie befehlen, schelten, kritisieren oder schreien, desto fruchtloser wird Ihre ganze Erziehung. Doch sofern Sie normalerweise freundlich bitten, wird das im Notfall ausgesprochene Ge- oder Verbot seine Wirkung zeigen.

Solange Ihre Kinder noch kleiner sind, besitzen Sie genug natürliche Autorität. Doch wenn Sie die durch allzu häufigen negativen Einsatz verspielen, ist in den kritischen Jahren der Pubertät nicht mehr viel übrig davon.

Wer freundlich und konsequent ist, der festigt seine Autorität nicht nur, sondern baut sie noch aus, denn er wird dann von seinen Kindern respektiert und geliebt.

Kinder sind gute Beobachter. Sie bekommen sehr schnell mit, wenn andere Eltern zu ihren Kindern unfreundlich, streng und autoritär sind. Sind jedoch die eigenen Eltern freundlich, aber konsequent, werden sie sehr stolz und dankbar sein, dass sie solche Eltern haben.

3. Sanfter physischer Druck

Auch mit sanftem Druck kann man ein Kind in die richtige Richtung lenken. Das gilt besonders für kleinere Kinder. Sie tun oft Dinge, die nicht unbedingt Schaden anrichten, die den Eltern aber dennoch auf die Nerven gehen. Das notorische Nein eines Zweijährigen kann schnell als Aufsässigkeit missverstanden werden. Danny sagt Nein, aber dann tut er doch, was Sie ihm befohlen haben. Manchmal nicht gleich, aber immerhin – er lässt sich irgendwann bewegen. Das wirkt für Sie wie Trotz.

!

Das Nein eines Zweijährigen ist nicht immer gleich Trotz, sondern seine Art, sich von der Mutter und dem Vater emotional zu lösen.

Wenn man ein Kleinkind dafür bestraft, frustriert man es nicht nur im Augenblick. Es wird auch in seiner ganzen Entwicklung negativ beeinflusst. Seien Sie also auf der Hut, dass Sie nicht das Einüben des Neinsagens mit Trotz verwechseln. Das sind zwei ganz unterschiedliche Dinge.

!

Die Fähigkeit, Nein sagen zu können, ist von entscheidender Bedeutung für das spätere Leben.

Nehmen wir an, Ihr Dreijähriger soll zu Ihnen kommen. Sie versuchen es zunächst mit einer Bitte: „Kommst du mal zu mir, Lieber?“ Ihr Kind sagt: „Nein!“ Jetzt ist schon die Versuchung groß, Ihrem Anliegen mit drastischen Maßnahmen Nachdruck zu verleihen. Sie gehen über zum Befehlston: „Du kommst jetzt mal her!“ Und wieder kommt die Antwort: „Nein!“ Jetzt sitzt die Hand schon recht locker. Aber Sie können sich noch beherrschen. Warum sollten Sie auch das Risiko eingehen, Ihrem Kind wehzutun? Versuchen Sie es doch erst einmal mit sanftem Druck. Ziehen Sie es zu sich heran. Wenn sich der Sohn dann immer noch wehrt, ist es vielleicht wirklich Trotz und Sie können geeignete Maßnahmen ergreifen. Doch in der Mehrzahl der Fälle werden Sie feststellen, dass das Kind überhaupt nicht aufsässig gestimmt war. Es hat einfach nur ein weiteres Mal ein Nein ausprobiert.

Diese Nein-Phase ist typisch für die Zweijährigen, aber man beobachtet sie auch in jedem anderen Entwicklungsalter. Wenn Sie verunsichert sind und nicht recht wissen, wie Sie sich in einer konkreten Situation verhalten sollen, dann versuchen Sie es zunächst einmal mit sanftem physischem Druck. Das ist besonders dann das geeignete Mittel, wenn Sie in der Öffentlichkeit sind. Sie geben nicht nach, aber machen auch keinen Aufstand und erreichen dennoch in den meisten Fällen Ihr Ziel.

4. *Strafe*

Strafen sind die negativste und zugleich heikelste Methode, um Einfluss auf das Verhalten eines Kindes zu nehmen.

Das hat verschiedene Gründe.

1 Die Strafe muss im Verhältnis zum Vergehen stehen, denn Kinder haben ein feines Gespür für Fairness und Gerechtigkeit. Sie merken, wenn eine Strafe zu mild oder zu schwer ist. Sie nehmen aber auch jede Inkonsequenz der Eltern im Verhältnis zu den Geschwistern wahr.

2 Man weiß nie genau, wie eine Strafe individuell bei einem Kind wirkt. Stubenarrest ist für das eine Kind eine große Belastung, während der Bruder oder die Schwester ihn als gute Gelegenheit zum Spiel im Zimmer nutzt.

3 Strafe ist keine verlässliche Größe. Das Strafmaß hängt nämlich in den meisten Fällen von der seelischen Verfassung der Eltern ab. Wenn Mutter oder Vater guter Dinge sind, lassen sie einfach mehr durchgehen. An Tagen jedoch, an denen sie in schlechter Verfassung sind, fallen die Strafen gleich viel drakonischer aus.

Auch wenn es schwierig ist, immer genau zu wissen, wann und wie viel man strafen soll, kann man solchen Entscheidungen leider nicht aus dem Wege gehen. Man sollte vorbereitet sein, um möglichst angemessen reagieren zu können. Das bedeutet, dass man sich schon einmal Gedanken macht, wie man sich in welcher Situation am besten verhält. Damit verhindert man, in die Falle zu tappen. Am besten setzt man sich in aller Ruhe mit dem Ehepartner oder einem guten Freund zusammen und überlegt sich eine angemessene Strafe für verschiedene Vergehen. Solch eine Planung bewahrt Sie davor, in einer bestimmten Situation vor Wut über die Stränge zu schlagen, wenn Ihr Kind Sie bis aufs Blut reizt.

Wenn Ihr Kind sich nicht gut beträgt und Sie sich die von uns vorgeschlagenen Fragen stellen, kann es auch einmal sein, dass Sie sie alle negativ beantworten müssen. Dann aber sollten Sie sich doch noch eine weitere Frage stellen: „Ist mein Kind ganz bewusst aufsässig?“

!

Aufsässigkeit ist der Versuch, die elterliche Autorität herauszufordern und sich ihr zu widersetzen.

Natürlich darf man solch ein Verhalten nicht durchgehen lassen. Wir müssen aber längst nicht immer gleich strafen. Sollte eine Bitte den Eigensinn beenden – und das geschieht oft –, dann können wir zufrieden sein. Wenn der sanfte Druck nötig wird – auch gut. Sollte Strafe nötig werden, so handeln Sie umsichtig.

Strafe sollte auch bei Ihnen niemals die Erziehungsmethode sein, auf die Sie gleich am Anfang zurückgreifen. Sie provozieren nur unnötig viel Ärger und Verdruss. Sie zwingen Ihr Kind außerdem dazu, seine Wut zu unterdrücken, sodass es passiv-aggressive Verhaltensmuster entwickelt. Über diesen Umweg versucht es, wieder Zugang zu Ihnen zu finden.

5. Einflussnahme durch Belohnung und Strafe

Der gezielte Einsatz von Belohnung und Strafe ist oft sehr wirkungsvoll. Die Psychologen sprechen von Bekräftigung und meinen eine Maßnahme, die sich positiv oder negativ verstärkend auf das Verhalten auswirkt. Ein Beispiel für positive Bekräftigung ist die Belohnung für gutes Benehmen durch ein Stück Schokolade oder Bonbons. Eine negative Bekräftigung wäre der Entzug von Fernsehprivilegien bei ungebührlichem Betragen. Eine weitere negative Bekräftigung wäre der Stubenarrest.

Solche verstärkenden Maßnahmen sind zuweilen ganz hilfreich, vor allem bei wiederkehrenden Verhaltensproblemen, nach denen das Kind keinerlei Reue zeigt. Doch wir meinen, dass solche Maßnahmen sehr zurückhaltend eingesetzt werden sollten.

Wenn Eltern damit übertreiben, wird sich ihr Kind nicht geliebt fühlen.

Ein Grund dafür ist sicher, dass verstärkende Maßnahmen – positive und negative – vom Grundsatz her verhaltensabhängig sind. Ihr Einsatz ist an Bedingungen geknüpft: Das Kind erhält eine Belohnung nur, sofern es Wohlverhalten zeigt. Darüber hinaus werden beim Einsatz solcher Maßnahmen die jeweilige Gemütslage des Kindes und seine Bedürfnisse oft vernachlässigt. Wenn Eltern das Verhalten ihres Kindes vor allem durch solche Manipulationen steuern wollen, wird sich sein Wertesystem allmählich anpassen, demzufolge das Hauptmotiv für alles Handeln die Belohnung ist. Das Motto eines solchen Lebens lautet dann: „Was springt für mich dabei heraus?“

Ein weiteres Problem bei dieser Methode ist die Vorbildfunktion. Wird sie zu häufig angewandt, lernen die Kinder sehr schnell, sie für ihre Zwecke zu nutzen. Mit gezieltem Wohlverhalten versuchen sie zu bekommen, was sie sich gerade wünschen. Das führt zu gegenseitiger Manipulation.

Angesichts all dieser Warnungen fragen Sie sich, warum wir solch eine Methode überhaupt befürworten. Sie erfüllt durchaus ihren Zweck bei hartnäckigen Verhaltensproblemen eines Trotzkopfs. Doch der Umgang damit erfordert viel Fingerspitzengefühl und Durchhaltevermögen.

STRAFE UND DIE MUTTERSPRACHE DER LIEBE

Weil Strafe dann besonders wirkungsvoll ist, wenn der Bestrafte sich der Liebe seiner Eltern sicher ist, sollten diese vor und nach jeder Strafmaßnahme dem Kind ihre Zuneigung signalisieren. Und da wir festgestellt haben, dass Zuneigung am besten durch die jeweilige Muttersprache der Liebe vermittelt wird, sollten wir uns ihrer bedienen, selbst wenn wir unser Kind bestrafen müssen.

PRAXISBEISPIEL

Larry ist Elektroingenieur. In früheren Jahren war er immer sehr streng mit seinen Kindern und er bestrafte sie mit eiserner Konsequenz. Doch nachdem er die fünf Sprachen der Liebe kennengelernt hatte, wurde ihm klar, dass die Liebessprache seines Sohnes der Körperkontakt ist. Er erzählt, wie er diese Erkenntnis in seine Erziehungsmaßnahmen mit einbezog: „Kevin hatte wieder einmal Baseball im Garten gespielt und dabei die Fensterscheibe eines Nachbarn eingeschlagen. Er wusste eigentlich ganz genau, dass es gegen die Regel war, im Garten Baseball zu spielen. Der Park war schließlich nur ein paar Straßen weiter. Und dort gab es extra ein Gelände für Ballspiele. Mehrfach hatten wir ihn darauf aufmerksam gemacht, wie riskant es sei, im Garten Baseball zu spielen. Der Nachbar sah, wie der Ball von Kevin seine Scheibe durchschlug, und er rief bei meiner Frau an, um uns zu informieren.

Nachdem ich nach Hause kam, ging ich in Kevins Zimmer, wo er gerade an seinem Computer arbeitete. Ich stellte mich hinter ihn und massierte ihm ein wenig die Schultern und den Rücken. Einen Augenblick später drehte er sich zu mir und ich sagte zu ihm: ‚Steh mal auf, ich möchte dich in den Arm nehmen.' Ich schloss ihn in meine Arme und sagte dabei: ‚Mir bleibt nichts anderes übrig, als dir wehzutun, aber du sollst wissen, dass ich dich über alles lieb habe.'

Wir blieben so eine ganze Weile stehen und ich genoss es einfach, seine Nähe zu spüren. Dann löste ich mich von ihm und sagte: ‚Mutti hat mich heute angerufen, um mir zu erzählen, was mit Mr. Scotts Fenster geschehen ist. Ich weiß, dass du es nicht mit Absicht gemacht hast, aber du wusstest genau, dass es gegen die Abmachung war, im Garten Baseball zu spielen. Und weil du die Regel einfach so übertreten hast, muss ich mir eine Strafe für dich überlegen. Das tut mir selber weh, aber es ist zu deinem Besten. Du darfst zwei Wochen nicht zum Baseball gehen und außerdem musst du dich mit deinem Taschengeld an der Reparatur der Scheibe beteiligen. Ich werde nachher den Glaser anrufen und hören, was das Ganze kostet.'

Ich nahm Kevin darauf noch einmal in den Arm und ich sagte zu ihm: ‚Ich habe dich lieb, Kumpel.' Und er sagte: ‚Ich dich auch, Papa.' Ich verließ das Zimmer in dem Bewusstsein, das Richtige getan zu haben. Dadurch, dass ich ihm vorher und nachher meine Liebe bekunden konnte, musste ich mich selber nicht elend fühlen. Und dadurch, dass ich ihn, der Körperkontakt als Sprache der Liebe verstand, umarmt hatte, nahm er die Strafe gleich ganz anders an. Ich erinnere mich noch an früher, als ich ihn noch aus Wut bestrafte, ihm bitterböse Worte an den Kopf warf und ihn manchmal sogar im Affekt schlug. Ich danke Gott, dass ich inzwischen einen anderen Zugang zu ihm habe."

Wäre Kevins Liebessprache Lob und Anerkennung gewesen, so hätte Larry etwa Folgendes sagen können: „Kevin, ich muss etwas mit dir besprechen. Ich möchte, dass du weißt, wie sehr ich dich liebe und schätze und dass ich sehr stolz darauf bin, mit wie viel Fleiß du die Schule meisterst. Ich weiß, dass du nach der Schule gern ein bisschen zur Entspannung Baseball spielst. Normalerweise hältst du dich ja an unsere Abmachung. Und das finde ich toll. Eine Strafe ist deshalb auch selten nötig. Ich will damit sagen, dass das von heute ein Ausrutscher war. So benimmst du dich normalerweise nicht. Und darüber bin ich froh.

Du weißt sicher, dass Mr. Scott heute Nachmittag deine Mutter angerufen hat. Er hat ihr erzählt, dass du den Baseball geschlagen hast, der in seine Scheibe geflogen ist. Das war zwar sicher nicht mit Absicht, aber du kennst die Regel, dass du im Garten kein Baseball spielen darfst. Es ist mir gar nicht recht, aber weil du bewusst gegen die Abmachung gehandelt hast, musst du eine Strafe bekommen. Du darfst zwei Wochen nicht zum Baseball gehen und außerdem musst du dich mit deinem Taschengeld an der Reparatur der Scheibe beteiligen. Ich werde nachher den Glaser anrufen und hören, was das Ganze kostet.

Ich hoffe, du spürst, dass ich dir nichts nachtrage. Mir ist schon klar, dass du die Scheibe nicht mit Absicht zertrümmert hast. Und wahrscheinlich hast du auch nicht groß nachgedacht, als du anfingst, im Garten zu spielen. Ich habe dich sehr lieb und ich bin auch sehr stolz auf dich. Deshalb weiß ich auch, dass dir solch eine Strafe eine Lehre sein wird."

Auch dieses Gespräch könnte mit einer Umarmung enden, aber Ausdrucksmittel der Liebe vor und nach der Strafankündigung sollte hier die persönliche Liebessprache des Kindes sein. Und weil Sie sich vorher gedanklich damit beschäftigt haben, werden Sie auch mit sehr viel mehr Bedacht die Strafe auswählen und aussprechen.

RESPEKT VOR DER LIEBESSPRACHE DES KINDES

Es wird Ihnen helfen, eine angemessene Strafe zu finden, wenn Sie die persönliche Liebessprache Ihres Kindes kennen. Vermeiden sollten Sie es, eine Strafe auszuwählen, die in enger Beziehung zur Liebessprache Ihres Kindes steht. Respektieren Sie seine Sprache der Liebe, indem Sie ihre Ausdrucksmittel niemals in eine Strafe verkehren. Solch eine Strafe brächte nicht die erwünschten Resultate, sondern würde nur Seelenpein verursachen. Die Botschaft, die Ihr Kind dadurch empfangen würde, hätte nichts mit liebevoller Zurechtweisung zu tun, sondern würde als Ablehnung verstanden werden.

Ist z. B. Lob und Anerkennung die Liebessprache Ihres Kindes und strafen Sie es dann, indem Sie es mit Vorwürfen überhäufen, so werden Ihre Worte nicht nur Ausdruck von Zorn und Missfallen wegen eines bestimmten Vorfalls sein, sondern auch noch Liebesentzug signalisieren. Kritik ist für jedes Kind schmerzlich, aber ein Schwall von harten Worten ist für ein Kind mit dieser Liebessprache besonders traumatisch.

PRAXISBEISPIEL

Der 16-jährige Ben erzählte uns, dass sein Vater ihn sicher nicht liebe. Und dann berichtete er, wie er von seinem Vater mit Beschimpfungen und harschen Anklagen bestraft wurde. „Wenn er der Meinung ist, ich habe etwas falsch gemacht, kann er stundenlang schimpfen und toben. Ich weiß noch, wie er mich eines Tages anschrie, ich sei nicht mehr sein Sohn, weil er nicht glauben könne, dass sein Sohn so etwas anstellt. Ich weiß nicht, ob ich noch sein Sohn bin, eins aber weiß ich ganz bestimmt: Er liebt mich nicht."

Je länger er von sich berichtete, desto klarer wurde, dass Lob und Anerkennung seine Muttersprache der Liebe war. Als der Vater sein Missfallen über das Benehmen seines Sohnes so überdeutlich aussprach, verlor der Junge jede Gewissheit, von seinem Vater geliebt zu werden.

Seien Sie also auf der Hut, wenn die Liebessprache Ihrer Tochter die Zuwendung ist. Sie sollten sie nicht mit Stubenarrest bestrafen und isolieren. Wenn es Körperkontakt ist, dürfen Sie ihr den Kuss oder die Umarmung auf keinen Fall verweigern. Denken wir an den zehnjährigen Eric, dessen Liebessprache der Körperkontakt ist. Er schleicht sich oft an bei seiner Mutter und schlingt dann seine Arme um sie. Seine Mutter ist für solche Kontakte zu haben. Auch sie zeigt Eric oft auf diese Weise ihre Liebe. Erics Vater ist in einem Elternhaus aufgewachsen, in dem Schläge zur normalen Erziehung gehörten. Die Folge ist, dass auch er sofort zuschlägt, wenn Eric ungehorsam ist.

Wenn Eric von seinem Vater wieder einmal eine Tracht Prügel bezieht, dann weint er danach stundenlang. Sein Vater begreift einfach nicht, dass er die Liebessprache seines Sohnes ins Gegenteil verkehrt. Die Folge ist, dass Eric sich nicht nur hart bestraft fühlt, sondern auch noch glauben muss, er werde nicht mehr geliebt. Sein Vater käme nie auf die Idee, nach solch einer Strafe den Sohn in den Arm zu nehmen, denn das wäre nach seinem Verständnis von Strafe völlig inkonsequent.

Erics Vater ist ernsthaft bemüht, seinen Sohn richtig zu erziehen. Allerdings bekommt er dabei gar nicht mit, dass er die emotionale Distanz zwischen sich und seinem Sohn ständig vergrößert.

> Wenn Eltern eine Strafe verhängen, muss das Ziel sein, im Kind einen Lernprozess anzustoßen. Es soll lernen, für sich selbst Verantwortung zu übernehmen.

!

Wenn wir die Liebessprachen unberücksichtigt lassen, werden unsere Bemühungen fehlschlagen, das Verhalten der Kinder positiv zu beeinflussen. Vor allem aber laufen wir ständig Gefahr, ihnen die Gewissheit unserer Zuneigung zu rauben. Doch wenn wir die fünf Sprachen der Liebe kennen und berücksichtigen, wird jede Strafe die optimale Wirkung erzielen.

9 | Lerneifer und die Sprachen der Liebe

!

Die Eltern sind die ersten und wichtigsten Lehrer ihrer Kinder.

Und die Forscher sind einhellig der Meinung, dass die optimale Zeit zum Erlernen von Grundfertigkeiten in den ersten sechs Lebensjahren liegt. Dr. Burton White, Gründer und Direktor des Harvard Preschool Projects, sagt: „Damit ein Mensch im späteren Leben sein ganzes Potenzial ausschöpfen kann, ist er offenbar auf eine erstklassige Erziehung in den ersten drei Lebensjahren angewiesen." Soziologen und Pädagogen, die davon überzeugt sind, dass eine Förderung der Allerkleinsten die spätere Lernfähigkeit erheblich steigert, haben Vorschulprogramme für lernbehinderte Kinder entwickelt. Diese Förderprogramme helfen Defizite auszugleichen, die Kinder aus sozial benachteiligten Schichten oft mitbringen.

Ja, wir Eltern sind die allerersten Lehrer unserer Kinder. Das bedeutet natürlich nicht, dass wir ihnen formal Unterricht erteilen. Allerdings sollten wir uns bewusst machen, dass in unserem Kind ein Lerntrieb angelegt ist, der zum Erforschen der Umwelt anregt. Sein sich entwickelndes Gehirn braucht dringend so viel sensorische Anregung wie möglich und positive Lernerfahrungen.

SPIELERISCH LERNEN

Viele Eltern glauben, das Spielen sei die Hauptbeschäftigung ihrer Kinder und das Lernen könne man sich bis zur ersten Klasse aufheben.

> Kleinkinder sind besonders wissbegierig. Sie kommen mit einem angeborenen Hunger nach Erfahrungen auf die Welt.

Und dieser Hunger bleibt bestehen, sofern ihn die Erwachsenen nicht durch mangelndes Angebot, durch Schläge oder stetige Frustration austreiben. Wenn man Säuglinge und Kleinkinder genau beobachtet, dann fällt einem schon auf, dass die Mehrzahl ihrer Aktivitäten keineswegs nur zielloser Zeitvertreib ist. Unsere Kleinen arbeiten richtig, wenn sie sich bemühen, neue Fertigkeiten für sich zu erobern – ob sie gerade versuchen, vom Bauch auf den Rücken zu rollen, zu krabbeln und sich aufzurichten oder später dann die ersten Schritte wagen und durch Tasten, Schauen und Schmecken die Welt um sich herum erobern.

Können sie erst einmal sprechen, haben sie tausend Fragen auf dem Herzen. Das gilt besonders für die Drei- bis Vierjährigen. Irgendwann fangen sie dann an, uns zu imitieren. Sie benehmen sich plötzlich wie ihre Vorbilder, die Erwachsenen. Aber sie imitieren selten Erwachsene, die etwas spielen. Sie ahmen Erwachsene bei der Arbeit nach: Sie waschen ab, fahren mit dem Auto, sind Arzt, Krankenschwester oder Puppenmutti und kochen das Essen. Wenn Sie Ihr Kind einen Tag lang genau beobachtet haben, sollten Sie sich die Frage stellen: „Was macht ihm am meisten Spaß und was fesselt ihn oder sie am meisten?“ Sie werden zu der Erkenntnis kommen, dass es die Beschäftigung ist, bei der man etwas lernen kann.

ZU HAUSE LERNEN

Im Idealfall sollte die frühe intellektuelle Förderung zu Hause stattfinden. Da sich Kinder die Welt durch ihre fünf Sinne erobern, kann die häusliche Atmosphäre nicht genug Reize für sie bereithalten – Farben, Töne, Gegenstände und Essbares.

! Die Sprachentwicklung eines Kindes hängt in den ersten Lebensjahren weitgehend von der verbalen Stimulation durch die Eltern ab.

Wenn wir die Kleinen also anreden und sie reizen, selber Worte hervorzubringen, dann kommen wir ihrem natürlichen Drang entgegen, Neues zu lernen. Dazu gehört es, die Begeisterung über eine gelungene Formulierung zu bekunden oder ein korrektives Feedback anzubieten. In einer verbal orientierten Umgebung wächst der Wortschatz schnell und auch die Fähigkeit, Sätze zu bilden. Später dient den Kindern all das dazu, Gefühle, Gedanken und Wünsche gekonnt und verständlich auszudrücken.

Was für die Sprachentwicklung gilt, das gilt auch für alle anderen Bereiche der Förderung intellektueller Fähigkeiten. Wenn die Grundlagen hierfür nicht durch Förderung im Kreis der Familie gelegt werden, muss man damit rechnen, dass das Kind später Probleme beim Lernen hat. Der Förderunterricht in den Schulen ist immer nur ein Notbehelf. Er kann die frühe Förderung im Elternhaus nur selten ersetzen.

Eine ausgeglichene Atmosphäre zu Hause regt zum Lernen an. Kinder sind noch durch und durch emotionale Wesen. Deshalb erinnern sie sich auch eher an Gefühle als an Fakten. Sie können also sehr genau sagen, wie sie sich in einer bestimmten Situation gefühlt haben, während ihnen die konkreten Umstände bald wieder entfallen sind.

LERNEN UND LIEBE

Der Schlüssel für die Lernfähigkeit Ihres Kindes sind also Sie, die Eltern. Das Lernen ist ein komplexes Geschehen, das durch viele Faktoren beeinflussbar ist. Einer davon ist Ihr Engagement.

WIR FÖRDERN DIE EMOTIONALE REIFE

Das sollten Sie über das Lernen wissen: Für jede Entwicklungsstufe Ihres Kindes gilt, dass es dann am besten lernt, wenn der emotionale Reifegrad seinem tatsächlichen Alter entspricht. Im Laufe der Jahre nimmt die Lernfähigkeit eines Kindes aufgrund verschiedener Faktoren zu. Der wichtigste davon ist die emotionale Reife. Je entwickelter ein Kind auf der emotionalen Ebene ist, desto leichter lernt es. Und es sind hauptsächlich die Eltern, die die seelische Reife fördern oder hemmen.

!

Eltern können den Lerneifer eines Kindes wesentlich beeinflussen, indem sie dafür sorgen, dass sein Liebestank stets gefüllt ist.

Damit will ich natürlich nicht sagen, dass Lernprobleme immer die Schuld der Eltern sind, denn es gibt noch andere Faktoren. Wir können aber doch den Lerneifer unserer Kinder wesentlich beeinflussen, indem *wir* dafür sorgen, dass ihr Liebestank stets gefüllt ist.

Wenn Sie sich ausgiebig der fünf Liebessprachen bedienen, tun Sie viel für die intellektuelle Entwicklung Ihres Kindes. Solange Sie in den ersten Lebensjahren Ihrer Tochter oder Ihres Sohnes die persönliche Liebessprache noch nicht kennen, bedienen Sie sich einfach aller fünf. Dadurch befriedigen Sie nicht nur sein oder ihr emotionales Verlangen nach Liebe, sondern Sie geben dem Kind auch die nötigen intellektuellen Anreize zur Entfaltung seiner ganz persönlichen Interessen und Fähigkeiten. Sie verschenken zwar zuallererst Ihre Liebe, aber Sie fördern damit auch gleichzeitig seine Lernfähigkeit.

Eltern, die sich nicht die Zeit nehmen, ausführlich die fünf Sprachen der Liebe zu gebrauchen, versorgen ihre Kinder wohl mit Nahrung, Kleidung und Unterkunft, aber sie schaffen eine Atmosphäre, in der die intellektuelle und soziale Entfaltung ihrer Kinder kaum Anreize erhält. Solche Kinder entwickeln sich zwar körperlich, aber die geistige Entwicklung hinkt hinterher. Ein Kind, dem in den ersten Lebensjahren Liebe und Annahme vorenthalten werden, ist nicht motiviert genug, Hürden zu nehmen, die das Erlernen neuer Fertigkeiten nun einmal darstellen.

> Eine warmherzige und liebevolle Beziehung zwischen Eltern und Kind ist die Grundlage für ein gesundes Selbstwertgefühl und das wiederum fördert die Freude am Lernen.

Die meisten Eltern sind sich gar nicht bewusst, dass ein Kind nicht nur intellektuell zurückbleiben, sondern auch emotional verkümmern kann. Der Rückstand kann auch auf diesem Gebiet ein Ausmaß annehmen, dass das Kind kaum noch eine Chance hat, seine Altersgenossen einzuholen. Und das ist immer eine Tragödie. Die emotionale Reife eines Kindes beeinflusst alles andere: das Selbstwertgefühl, das Gefühl, geborgen zu sein, die Fähigkeit, mit Stress und neuen Lebenssituationen umzugehen, und die Lernfähigkeit.

LIEBE, LERNEN UND DIE SCHEIDUNG DER ELTERN

Es gibt kaum ein anderes Ereignis, bei dem der Zusammenhang zwischen Liebe und Lernen augenfälliger ist, als die Scheidung oder Trennung der Eltern.

> Eine Scheidung ist ein derart traumatisches Ereignis für ein Kind, dass sein Liebestank leck schlägt.

Damit versiegt auch die Quelle für die Freude am Lernen. Das Kind fühlt sich entwurzelt und wird von Ängsten geplagt. Das sind beileibe keine guten Voraussetzungen fürs Lernen. Ein Kind, dessen Eltern sich getrennt haben, zeigt im Normalfall für viele Monate wenig Interesse an seiner Umwelt, bis sich durch entsprechende Maßnahmen wieder ein wenig mehr Sicherheit einstellt und es sich auch wieder mehr geliebt fühlt. Aber die heile Welt von früher ist leider für viele Kinder unwiederbringlich verloren. Sie erholen sich nie wieder. Wenn Sie alleinerziehende Mutter sind, können Sie aber durch konsequentes Anwenden der fünf Liebessprachen Ihrem Kind durchaus wieder ein Gefühl der Geborgenheit geben. (Ein kooperativer Exmann kann hier sehr hilfreich sein.)

INTERESSIERTE UND DESINTERESSIERTE ELTERN

WICHTIG

> Wissenschaftliche Studien belegen, dass die Fähigkeit, einen Lesestoff inhaltlich zu erfassen, bei den Kindern deutlich weiterentwickelt ist, deren Eltern aktiv am Schulleben teilnehmen.

Wir müssen dafür sorgen, dass der Liebestank unserer Kinder gefüllt ist. Wenn wir ihnen geben, was sie brauchen, können wir sicher sein, dass sie ihr Leben meistern werden.

!

> Kinder, deren Eltern Interesse an den schulischen Belangen ihrer Kinder zeigen und sich engagieren, sind für den Lernstoff viel aufnahmefähiger als Kinder, deren Eltern sich desinteressiert zeigen.

Aber auch sonst finden sich solche Kinder in ihrer Welt viel besser zurecht.

Die Rolle des Vaters

Immer deutlicher wird für die Forschung, wie wichtig die Rolle des Vaters für die Entwicklung eines Kindes ist. Eine auf elf Jahre angelegte Studie zeigte, je interessierter sich der Vater an der Erziehung beteiligte, desto geringer war die Wahrscheinlichkeit für die Kinder, später kriminell zu werden. Außerdem war der Bildungsstand erheblich höher.

Untersucht wurden 584 Familien, deren Kinder zu Beginn sieben bis elf Jahre alt waren. Man schloss die Untersuchung, als die Kinder Anfang Zwanzig waren. Es gab eindeutige Ergebnisse:

> Je mehr Zeit Kinder mit ihren Vätern verbringen, desto höher ist später die Schulbildung.

Und je stärker die gefühlsmäßigen Bande zwischen Vater und Kind waren, desto seltener gerieten die Söhne und Töchter nachher auf die schiefe Bahn.

DEM ÄNGSTLICHEN KIND HELFEN

> Ein Kind, das sich emotional wohlfühlt, ist motiviert und konzentriert und kann sich optimal persönlich entfalten.

Anders ist es, wenn sich ein junger Mensch ungeliebt fühlt, niedergeschlagen ist und unter Ängsten leidet. Dann schwindet die Spannkraft, die Konzentration lässt nach und es fehlt die Energie. Solchen Kindern fällt es besonders schwer, konzentriert über längere Zeit an einer Aufgabe zu arbeiten. Das Lernen verliert seinen Reiz. Das Kind beschäftigt sich nur noch mit sich und seinen seelischen Nöten. Und die Lernfähigkeit leidet darunter sehr.

Wenn solche Ängste nicht abgebaut werden, treten sie besonders dann zutage, wenn neue Lernschritte in Angriff genommen werden müssen, wenn also ganz neue Anforderungen auf das Kind zukommen. Solche Versagensängste plagen häufig Kinder bei der Versetzung von der dritten zur vierten Klasse. Das ist das Alter, wo die Lerninhalte nicht mehr ganz so konkret, sondern zunehmend abstrakter werden. Konkrete Lerninhalte befassen sich mit Fakten: Der Atlantik ist ein großes Meer. Abstraktes Denken beinhaltet immer mehr Symbolik: Ein Wort oder Satz repräsentiert dann eine komplexere Idee oder Vorstellung. Der Schritt vom konkreten zum abstrakten Denken ist gewaltig und nicht alle Kinder schaffen ihn auf Anhieb.

Wenn ein Kind an dieser Stelle versagt, leidet es auf ganz unterschiedliche Weise. Es versteht die gestellte Aufgabe plötzlich nicht mehr. Es spürt, dass es den Anschluss verliert, und das schadet dem Selbstwertgefühl erheblich, denn es fühlt sich seinen Altersgenossen unterlegen. Wenn hier nicht schnell korrigierend eingegriffen wird, stellen sich Depressionen ein und das Kind wird sich insgesamt als Versager fühlen.

Emotionale Reife wird verhindern, dass es so weit kommt.

> Emotionale Reife ist die Fähigkeit, Ängste zu beherrschen, normalen Stress auszuhalten und in Zeiten des Wandels das innere Gleichgewicht zu behalten.

!

Je weiter diese Reife bei Ihrem Kind entwickelt ist, desto aufnahmefähiger ist es für neuen Lernstoff. Am meisten helfen

Sie Ihrem Kind, emotional zu reifen und sein Interesse für vieles zu wecken, indem Sie seinen Liebestank gefüllt halten.

Ein Zeichen für das von Ängsten geplagte Kind ist seine Unfähigkeit, Blickkontakt herzustellen und auszuhalten. Ein ängstliches Kind ist kontaktscheu – Erwachsenen und Gleichaltrigen gegenüber. Das emotional vernachlässigte Kind hat Probleme mit den einfachsten Formen der Kommunikation. Und selbst Routineaufgaben in der Schule fallen ihm aufgrund seiner Ängste und inneren Spannungen schwer.

DIE KINDER MOTIVIEREN

Eine Frage stellen Eltern immer wieder: „Was kann ich tun, um mein Kind zu motivieren?“ Wirklich motivieren können wir erst, wenn der Liebestank unserer Kinder gefüllt ist und wenn wir ihnen beigebracht haben, wie man seine Emotionen beherrscht. Sind diese zwei Vorbedingungen nicht erfüllt, bemühen wir uns meist vergeblich, unsere Kinder zu aktivieren. (Mehr über Wut und passiv-aggressives Verhalten im nächsten Kapitel.)

Es ist sehr schwierig, ein Kind zu motivieren, wenn es sich nicht wirklich geliebt und umsorgt fühlt.

Das Kind, das etwas leisten soll, muss sich mit seinen Eltern identifizieren können und ihnen nacheifern wollen. Ein Kind mit einem leeren Liebestank wird sich passiv-aggressiv verhalten, also grundsätzlich immer genau das tun, was die Eltern nicht von ihm erwarten.

Der Schlüssel zur Motivierung eines Kindes ist, es zu befähigen, Verantwortung für sein eigenes Verhalten zu übernehmen. Ein Kind, das keine Verantwortung übernehmen kann und will, kann auch nicht motiviert werden. Ein Kind, das verantwortlich handelt, ist automatisch motiviert.

DIE INTERESSEN DES KINDES WECKEN

Sie helfen Ihrem Kind, wenn Sie genau beobachten, wofür es – vielleicht auch nur im Ansatz – Interesse zeigt.

Die Interessen eines Kindes kann man wecken, indem man sich selbst die Frage stellt: „Was macht meinem Kind besonders viel Spaß?“

!

Und dann können Sie die neu entdeckten Interessen fördern. Interessiert sich das Kind für Musik, dann machen Sie ihm Mut, ein Instrument zu lernen. Wichtig ist dabei, dass der ursprüngliche Impuls vom Kind ausgeht. Wenn es nur Ihr Wunsch ist, dass das Kind ein Instrument lernt, dann kommt meist wenig dabei heraus.

ÜBERLASSEN SIE IHREM KIND DIE VERANTWORTUNG FÜR SEIN HANDELN

Bedenken Sie: Sie und Ihr Kind können nicht gleichzeitig die Verantwortung für etwas übernehmen. Wenn Sie sich zurückhalten und warten, bis das Kind von sich aus aktiv wird, ist es motiviert, weil es selbständig handeln darf. Doch wenn Sie versuchen, es zu etwas zu überreden, sind Sie es, der die Initiative ergreift. Und das motiviert nur wenig.

Gilt das auch für die Schularbeiten und das Streben nach guten Noten? Uneingeschränkt! Die meisten Kinder haben irgendwann einmal in ihrer Schulzeit Probleme mit den Hausaufgaben. Das ist besonders dann der Fall, wenn sich passiv-aggressives Verhalten eingeschlichen hat. Bedenken Sie dabei aber immer, dass ein gewisses Maß an passiver Aggression typisch für die Pubertät ist.

!

Passiv-aggressives Verhalten sucht nach der verwundbaren Stelle. Der Jugendliche tut das, was die Eltern mit Sicherheit provoziert.

In vielen Familien sind die Zensuren ein ständiges Reizthema. Je schneller sich die Eltern durch schlechte Noten und schlampige Hausaufgaben aus der Ruhe bringen lassen, desto ausgiebiger wird der Jugendliche das ausnutzen, um seine passive Aggressivität abzuladen. Je wichtiger Eltern diesen Bereich nehmen, desto mehr wird das Kind hier Widerstand leisten. Bedenken Sie dabei vor allem:

Wenn die Eltern die Verantwortung für die Hausaufgaben übernehmen, ist das Kind nicht genötigt, sie selbst zu tragen. Und je weniger Verantwortung, desto geringer die Motivation.

Wenn Ihr Kind also verantwortungsbewusst und hoch motiviert seine Hausaufgaben machen soll, müssen Sie sich immer klarmachen, dass nicht Sie, sondern Ihr Kind die letzte Verantwortung dafür tragen muss. Wie gehen Sie dabei am besten vor? Lassen Sie Ihr Kind wissen, dass Sie ihm gern bei den Aufgaben helfen, wenn es Sie darum bittet. Doch da Sie ihm die Verantwortung dafür überlassen wollen, sollten Sie immer nur Ratgeber bleiben und dem Kind die Arbeit nicht abnehmen. Ziehen Sie sich sofort wieder zurück, wenn Ihr Rat nicht mehr unmittelbar gebraucht wird.

Nehmen wir an, Ihr Sohn hat Probleme mit Mathe. Dann sollten Sie ihm nicht die Aufgaben rechnen. Sie könnten aber ins Mathematikbuch schauen und den passenden Lösungsweg suchen. Wenn Sie etwas gefunden haben, geben Sie ihm das Buch zurück, damit er sich selbständig mit den dort genannten Fakten auseinandersetzen kann. Dadurch lernt er, Verantwortung zu übernehmen. Haben Sie das Gefühl, dass der Lehrer die Aufgaben nicht ausführlich genug erklärt hat, dann ermuntern Sie das Kind, sich am nächsten Tag das Ganze noch einmal erklären zu lassen.

Natürlich werden Sie ab und an auch etwas mehr Hilfe anbieten müssen, wenn Wissenslücken größer sind. Das ist durchaus in Ordnung. Doch es muss immer klar sein, wer letztlich die Verantwortung trägt. Wenn Sie merken, dass Sie schon viel zu sehr in die täglichen Schularbeiten Ihres Kindes einbezogen werden, sollten Sie sich Schritt für Schritt wieder zurückziehen und Ihrem Kind die Verantwortung überlassen. Vielleicht macht sich das vorübergehend in etwas schlechteren Noten bemerkbar. Aber dieser kleine Rückschritt zahlt sich aus, wenn Ihr Kind dafür wieder mehr in die Lage versetzt wird, Eigenverantwortung zu übernehmen und selbständig zu arbeiten. Durch diese Investition wird es mittel- und langfristig immer weniger Hilfe brauchen, sodass Sie Zeit für gemeinsame Aktivitäten übrig haben, die nichts mit der Schule zu tun haben.

Der Trend ist heutzutage, den Kindern immer mehr Verantwortung abzunehmen. Die meisten Eltern tun dies in bester Absicht, weil ihnen das vermeintliche Wohl des Kindes am Herzen liegt. Sie glauben, ihren Kindern einen Gefallen zu tun, wenn sie ihnen so viel Verantwortung wie möglich abnehmen. Doch das ist ein Irrtum mit ernsten Folgen.

DIE LIEBESSPRACHE DES KINDES BENUTZEN

Es gibt zwei Momente im Laufe eines Tages, wo der Gebrauch der Liebessprachen ganz besonders wichtig ist: Beim Abschied vor der Schule und der Begrüßung danach. Diese liebevolle Klammer, die einige Stunden voller Herausforderungen und Anspannung einschließt, vermittelt Geborgenheit und macht Mut, sich diesen Herausforderungen zu stellen.

Lina ist neun Jahre alt. Nachdem ihre Mutter sich mit den fünf Liebessprachen beschäftigt hatte, tat sie ein paar Dinge mehr, die sie vorher nicht getan hatte. „Ich wundere mich nur, wie sehr sich ein paar Kleinigkeiten so deutlich in Linas Verhalten ausgewirkt haben", erzählte uns die Mutter später. „Ich hatte zwar schon früher einmal über die Liebessprachen gehört und wusste, dass Linas Liebessprache die Hilfsbereitschaft ist, doch ich hätte nie gedacht, dass dieses Konzept sich auch auf den Schulalltag auswirken würde. Eines Tages erwähnte eine Freundin, dass sie vor und nach der Schule mit ihrer Tochter in ihrer persönlichen Liebessprache redete. Ich entschloss mich, dies auch zu tun, und der Erfolg stellte sich unmittelbar darauf ein.

Morgens ging es bei uns immer ziemlich hektisch zu. Mein Mann verließ das Haus um sieben. Linas Bus kam um halb acht und ich ging um zehn vor acht aus dem Haus. Jeder von uns war mit sich selbst beschäftigt und die einzige Kommunikation zwischen uns bestand aus einem Abschiedsgruß."

Nun wusste die Mutter, dass die Hilfsbereitschaft Linas Sprache der Liebe war. Und deshalb fragte sie ihre Tochter: „Ich möchte dir eigentlich jeden Morgen vor der Schule etwas Liebes tun, etwas, was dich froh stimmt und dir Mut macht für den Tag. Was könnte ich da machen?"

„Da gibt es etwas, Mutti. Ich fände es toll, wenn du mir morgens das Frühstück machen würdest. Es ist immer so ein Getüdel, alles zusammenzusuchen, was ich brauche – die Schüssel, den Löffel, die Cornflakes, die Milch und die Banane. Wenn du mir alles hinstellen und dich vielleicht noch dazusetzen würdest – das wäre einfach toll." Linas Mutter war einverstanden und am nächsten Morgen war der Tisch gedeckt.

„Ich bemerkte sofort, dass ihre Laune sehr viel besser war als sonst. Plötzlich bedankte sie sich für Kleinigkeiten – nicht nur am Morgen. Und sie ging nun froh gelaunt zur Schule.

Ich fing an, auch bei ihrer Heimkehr mit Überraschungen auf sie zu warten. Am ersten Tag hatte ich Kekse gebacken. Als sie nachmittags nach Hause kam und ihre Schultasche ins Zimmer warf, rief ich: ‚Lina, ich habe Kekse gebacken – extra für dich! Komm setz dich, entspann dich erst mal und nimm dir ein paar.' Ich goss ihr ein Glas Milch ein, wir setzten uns zusammen und sie erzählte, was sie am Vormittag erlebt hatte. Am nächsten Vormittag nähte ich ihr endlich den Rock um, worum sie mich schon vor einiger Zeit gebeten hatte. Als sie heimkam, sagte ich: ‚Ich habe heute deinen Rock umgenäht, Liebes. Probier ihn mal an, ob ich die richtige Länge getroffen habe.' Als sie damit ankam, sagte ich zu ihr: ‚Du siehst toll aus in dem Rock.' Und sie erwiderte: ‚Danke, Mutti, für das Kompliment und danke für den Rock.'

Ich registrierte nun Linas Bitten und Anliegen viel aufmerksamer. Ich machte mir Notizen in ein Büchlein. Und so konnte ich mir immer Anregungen holen, wenn ich ihr etwas Liebes tun wollte. Die kleine gemeinsame Zwischenmahlzeit nach der Schule wurde für sie zu einer lieben Gewohnheit, die sie sehr schätzte. Wir hatten dadurch mehrmals in der Woche Gelegenheit, Zeit miteinander zu verbringen und über alle möglichen Dinge zu plaudern.

Angefangen hat das alles vor vier Monaten. Die größte Veränderung bei meiner

Tochter ist die ganz andere Art, wie sie von der Schule erzählt. Sie berichtet nun viel positiver als zuvor. Man muss wohl davon ausgehen, dass ihr die Schule inzwischen mehr Spaß macht. Sie ist viel eher bereit, sich auch anzustrengen. Außerdem habe ich das Gefühl, dass unsere Beziehung viel enger geworden ist."

Wäre Linas persönliche Liebessprache der Körperkontakt gewesen, so hätten ein paar Streicheleinheiten am Morgen und nach der Schule wahrscheinlich dasselbe bewirkt. Ein Kuss am Morgen und geöffnete Arme zum Empfang hätten sie dann emotional aufgebaut. Die Kekse und die Milch hätte sie natürlich auch nicht verschmäht.

Vielleicht können Sie nicht zu Hause sein, wenn Ihre Kinder nach der Schule heimkommen. Dann zeigen Sie eben Ihre Liebe, sobald Sie selber das Haus betreten. Wenn Ihr Wort zum Abschied und Ihr Gruß beim Wiedersehen in der persönlichen Liebessprache Ihres Kindes gesprochen wird, dann haben Sie schon sehr viel für Ihr Kind getan, vielleicht das Wertvollste an einem jeden Tag. Und der Erfolg beim Lernen wird nicht lange auf sich warten lassen.

10 | Liebe und Zorn

Liebe und Zorn sind zwei Seelenzustände, die gar nicht so weit auseinanderliegen, wie wir das oft meinen. Wie oft werden wir zornig über Menschen, die wir lieben! Vielleicht überrascht es Sie, ein Kapitel über Zorn in einem Buch über die Liebe zu finden. Gibt es aber nicht immer wieder Situationen, in denen wir Liebe und Zorn gleichzeitig empfinden?

!

Zorn ist die Emotion, die ein Familienleben am nachhaltigsten stören kann.

Er kann Ehekonflikte heraufbeschwören oder Kindesmisshandlungen auslösen. Die Wurzel der meisten gesellschaftlichen Probleme ist unbewältigter Zorn. Wir müssen uns allerdings auch klarmachen, dass Zorn durchaus eine positive Kraft in unserem Leben und in unserer Kindererziehung sein kann. Zorn ist nicht grundsätzlich etwas Böses. Man kann zornig werden, weil man Gerechtigkeit durchsetzen möchte oder für jemandes Wohl eintritt. Zorn kann uns motivieren, für das Gute zu kämpfen.

Doch in der Mehrzahl der Fälle verursacht Zorn mehr Probleme, als dass er zu deren Lösung beiträgt. Er ist oft irrational und deshalb so schwer unter Kontrolle zu halten. Er beherrscht uns. In der Hitze des Gefechts wird jeder vernünftige Gedanke in den Wind geschlagen. So geraten wir auf Abwege und die Situation eskaliert.

BEDROHUNG FÜR DAS WOHLERGEHEN IHRES KINDES

Zorn ist eine Emotion, die vielen unheimlich erscheint. Warum wird man plötzlich zornig, warum zeigt sich die Wut gerade so und nicht anders und wie können wir anders auf unsere Frustrationen reagieren? Wenn wir als Eltern nicht verstehen, was Zorn ist und wie man damit vernünftig umgeht, dann können wir auch unsere Kinder nicht lehren, wie man sich angemessen verhält, sobald Wut und Zorn in uns aufsteigen. Ja, ich sage „sobald“, denn wir alle – Eltern und Kinder – machen täglich unsere Erfahrungen mit der Wut.

Ein Kind muss lernen, mit seiner eigenen Wut vernünftig umzugehen.

Es überrascht Sie vielleicht, aber zu den frühsten Bedrohungen Ihres Kindes gehört seine eigene Wut. Wenn es nicht lernt, mit seinem Zorn vernünftig umzugehen, wird es durch ihn Schaden nehmen. Falscher Umgang mit dem Zorn ist fast an jedem Problem mitverantwortlich, mit dem Ihr Kind zu kämpfen hat – ob es die schlechten Noten in der Schule sind, zerbrochene Freundschaften oder sogar der versuchte Freitod. Sie sehen also, wie wichtig es ist, dass Sie als Eltern Ihren Kindern den richtigen Umgang mit dem Zorn beibringen.

Die gute Nachricht ist, dass Ihr Kind, sollte es diesen Umgang lernen, die allerbesten Chancen hat, gut durchs Leben zu kommen. Viele Konflikte und Auseinandersetzungen lassen sich nämlich umgehen und Ihr Kind wird eher in der Lage sein, seinen Zorn so zu kanalisieren, dass er ihm sogar dient, anstatt sich gegen es selbst zu wenden.

DER ZORN DER ERWACHSENEN

Bevor wir unseren Kindern beibringen können, wie sie mit ihrer Wut umgehen können, müssen die Eltern gelernt haben, die eigene Wut in den Griff zu bekommen.

Wir müssen natürlich eine Voraussetzung erfüllen, bevor wir unseren Kindern etwas beibringen können: Wir selber müssen es gelernt haben, unseren Zorn in den Griff zu bekommen. Das Problem dabei ist nur, dass Zorn oft sehr subtil und vor allem unbewusst zum Ausdruck kommt. Aber es gibt noch eine weitere Schwierigkeit: Nur wenige Erwachsene haben es gelernt, mit ihrem Zorn vernünftig umzugehen. Davon betroffen ist natürlich vor allem die Beziehung zum Partner und zu den Kindern. Lesen Sie einmal, wie die Familie Jackson mit diesem Problem fertig wird.

Nach einem harten Arbeitstag sitzt Jeff Jackson abgespannt vor dem Fernseher in seinem Zimmer. Eine ebenfalls erschöpfte Ellen macht den Abwasch. Jeder ist irgendwie sauer auf den anderen. Da kommt der Junior in die Küche und will ein paar Kekse haben. Mutter ist jedoch nicht in Geberlaune und sagt: „Du hast dein Mittagessen nicht aufgegessen und deshalb kriegst du jetzt auch nichts anderes." Dem Junior ist klar, dass hier nichts mehr zu holen ist. Er trottet deshalb hinüber in Vaters Zimmer. Dort steht ein Glas mit Bonbons. Der Vater fragt: „He, was machst du da? Mutti hat doch gesagt, es gibt nichts!"

Der Junior geht weg, kommt aber nach fünf Minuten mit einem Basketball wieder, den er geschickt auftippen lässt. „Darf ich zu Bobby?"

„Nein, du gehst heute nicht zu Bobby", antwortet der Vater mürrisch. „Du bist mit den Schularbeiten noch nicht fertig. Und hör auf, mit dem Ball solch einen Lärm zu machen!"

Der Junior nimmt seinen Ball und zieht ab. Fünf Minuten später taucht er mit seinem Ball in der Küche auf. Und er lässt ihn wieder springen. „Mutti, ich brauche unbedingt ein Buch für die Schularbeiten. Ich habe es in der Schule vergessen. Aber Bobby hat es bestimmt. Darf ich rübergehen und es mir ausleihen?“ In diesem Augenblick trifft der Ball den Tisch und eine Tasse fällt zu Boden.

Als Jeff das Geräusch hört, springt er von seinem Sessel auf und eilt in die Küche. „Ich habe dir doch gesagt, du sollst das lassen!“ Er packt den Sohn am Arm, schleppt ihn mit in sein Zimmer und verprügelt ihn dort, wobei er brüllt: „Wie oft soll ich dir das noch sagen? Du wirst lernen, auf mich zu hören!“

Ellen weint in der Küche. Sie ruft: „Hör auf! Hör endlich auf! Du bringst ihn ja um.“ Als Jeff endlich von seinem Sohn ablässt, rennt dieser weinend in sein Zimmer. Jeff lässt sich auf die Couch fallen und starrt die Mattscheibe an. Die Mutter geht ins Schlafzimmer und weint noch immer. Dieser Wutausbruch hat absolut nichts Konstruktives bewirkt.

Das war eine Kette von Gefühlsausbrüchen. Jeder war auf jeden wütend. Die Mutter ärgerte sich über ihren Mann, weil er ihr nicht beim Abwasch half. Der Vater ärgerte sich über den Junior, weil er sich nicht an die Regeln hielt und drinnen Ball spielte. Und der Sohn war wohl am Ende der Wütendste von allen, weil die Strafe des Vaters in keinem Verhältnis zum Vergehen stand. Die Mutter war außerdem noch wütend auf ihren Mann, weil der so grob mit ihrem Sohn umging.

Nichts ist gelöst, sondern alles ist nur schlimmer geworden. Wie der Junior seine Wut verarbeitet, wird sich zeigen. Auch wenn er nach außen hin so tut, als sei nichts gewesen, können wir mit Sicherheit davon ausgehen, dass dieser Zorn irgendwann wieder an die Oberfläche kommt.

Stellen wir uns die gleiche Ausgangslage vor, nehmen nun aber an, dass die beteiligten Personen anders mit ihrem Ärger umgehen.

PRAXISBEISPIEL

Ellen lässt den Abwasch stehen, geht zu Jeff und setzt sich neben ihn aufs Sofa. Sie spricht für eine Weile seine Sprache der Liebe. Dann sagt sie zu ihm: „Du, Jeff, ich habe ein Problem. Ich bin ziemlich sauer. Aber keine Angst, ich will nicht gleich losschimpfen. Du musst mir helfen bei diesem Problem. Ist es dir recht, wenn wir gleich reden, oder möchtest du erst deine Sendung zu Ende sehen?“ Wenn Jeff gerade nicht reden will, könnte sie weiter abwaschen oder sich ein Buch nehmen.

Als sie sich zum Gespräch treffen, erzählt Ellen, dass sie es als unfair empfindet, von ihm keine Hilfe zu bekommen. Schließlich habe auch sie schon den ganzen Tag geschuftet und dann noch das Essen gemacht. Sie sagt ihm, dass sie mehr Hilfe von ihm erwartet. Er möge es sich doch angewöhnen, ihr etwas mehr unter die Arme zu greifen.

Wenn Ellen und Jeff sich so ausgesprochen hätten, wäre die Bitte des Juniors vielleicht auch anders beantwortet worden. Als der Ball des Jungen auf den Küchentisch gefallen war, wäre der Vater wahrscheinlich hereingekommen und hätte erst einmal in der Liebessprache seines Sohnes geredet. Dann hätte er den Ball genommen und dem Filius in aller Ruhe erklärt, dass er eindeutig gegen die

Regeln verstoßen habe und dass der Ball nun zwei Tage in Papas Kofferraum bleiben müsse. Dann hätte Jeff noch einmal in der persönlichen Liebessprache seines Sohnes gesprochen. Und die Atmosphäre in diesem Haus wäre nun gewiss viel friedlicher.

Eltern, die es selber nicht gelernt haben, ihren Zorn zu beherrschen, werden ihren Kindern diese Fähigkeit kaum beibringen können. Aber für das Wohl eines jeden Kindes ist solch ein Training von größter Wichtigkeit. Wenn Sie es noch nicht geschafft haben, mit Ihrem Zorn vernünftig umzugehen, dann legen wir Ihnen dringend ans Herz, dies – vielleicht sogar mit professioneller Hilfe – noch zu lernen.

CHARAKTERTRAINING

Die Art, wie jemand mit seinem Zorn umgeht, beeinflusst stark die Entwicklung seiner Persönlichkeit.

Sein Charakter wird letztlich davon mitbestimmt. Wenn Sie Ihr Kind lehren, seinen Zorn sinnvoll auszuleben, wird sein Charakter davon profitieren und es wird seinen Platz in der Gesellschaft viel leichter finden. Wird es ihm aber nicht gezeigt und vorgelebt, mit seinem Zorn richtig umzugehen, werden viele Bereiche seiner Persönlichkeit nicht wirklich reifen können. Und solch ein Mangel an Reife wird sich immer in deutlichen Charakterschwächen manifestieren. Schlimm ist, dass solche Charakterschwächen auch die geistliche Entwicklung eines Kindes in Mitleidenschaft ziehen.

Je weniger ein Kind es versteht, seinen Zorn zu kanalisieren, desto geringer ist auch die Fähigkeit entwickelt, den rechten Umgang mit Autorität zu finden.

Das gilt vor allem auch für die Autorität Gott gegenüber. Das Unvermögen eines Kindes, vernünftig mit seinem Zorn fertig zu werden, ist einer der Hauptgründe dafür, dass es die geistlichen Werte seiner Eltern nicht als die seinen anerkennt.

Wenn wir Eltern allerdings darauf achten, dass unsere Kinder es lernen, ihren Zorn in sinnvolle Bahnen zu lenken, dann werden sie ganz gewiss im Leben gut zurechtkommen. Denken Sie immer daran, dass Zorn eine ganz menschliche Reaktion ist. Er ist weder gut noch böse. Das Problem ist nicht der Zorn selbst, sondern die Art, wie wir mit ihm leben. Er kann sich sogar segensreich auswirken, wenn er uns zu sinnvollen Handlungen anspornt und motiviert.

PRAXISBEISPIEL

Jill, das schüchterne 14-jährige Mädchen, ging jedem Konflikt aus dem Weg. Sie verstand es, sich bei allen lieb Kind zu machen. Doch im Geschichtsunterricht bekam sie plötzlich Probleme, als der Lehrer anfing, sich abfällig über den christlichen Glauben zu äußern. Häufig machte er bekannte Vertreter der christlichen Religion lächerlich, die Jill bewunderte. Als gläubiges Mädchen war Jill zunächst irritiert durch den Konfrontationskurs ihres Lehrers. Später stellte sie sogar ihren eigenen Glauben infrage.

Dann, es war mitten im Schuljahr, machte der Lehrer eine ganz besonders bissige Bemerkung über Pastorenkinder. Auch eine von Jills Freundinnen war die Tochter eines Pastors. Jill wurde furchtbar wütend. Sie war außer sich vor Zorn. Am Abend traf sie sich mit ein paar Mitschülern und sie beratschlagten, was man in dieser Situation tun könne. Sie überlegten sich eine Strategie und alle wollten auch dann dazu stehen, wenn es ernst werden sollte. Als der Lehrer wieder einmal ironische Bemerkungen machte, meldete sich die kleine Gruppe höflich und respektvoll zu Wort. Sie teilten dem Lehrer mit, dass sie seine Worte als beleidigend empfanden. Er versuchte zunächst, auch diesen Einwand lächerlich zu machen, doch bemerkte er bald, wie töricht sein Verhalten war, und so wechselte er das Thema. Im Laufe des restlichen Schuljahres machte er keine einzige abfällige Bemerkung mehr über den Glauben. Jill hatte ihren Zorn konstruktiv genutzt, um ihrem Lehrer eine Lektion zu erteilen und ihre eigene persönliche Integrität zu schützen.

DAS WÜTENDE KIND UND SEIN PASSIV-AGGRESSIVES VERHALTEN

Leider gelingt es nicht so vielen Menschen, ihren Zorn so sinnvoll einzusetzen, wie Jill es getan hat. Viel verbreiteter und auch zerstörerischer ist passiv-aggressives Verhalten als Reaktion auf Wut und Zorn. Man versucht, es der zum Zorn reizenden Person indirekt, also „passiv" heimzuzahlen. Es wird unbewusst der Entschluss gefasst, fortan immer das Gegenteil von dem zu tun, was die betreffende Autoritätsperson verlangt. Solche Autoritätspersonen können Eltern, Lehrer, Pastoren, Chefs und Polizisten sein. Aber auch Konventionen können eine Autorität darstellen, wie das Gesetz oder gesellschaftliche Normen. Für Kinder sind natürlich die Eltern die Autoritäten, mit denen sie es zuallererst zu tun haben.

Der 15-jährige Harald ist ein recht kluger Junge und er hat eigentlich keine Probleme beim Lernen. Er könnte gute Noten mit nach Hause bringen. Er macht zwar seine Hausaufgaben ganz ordentlich, aber weil er Groll gegen seine Eltern hegt, liegen seine Noten weit unter seinem eigentlichen Können. Seine Eltern sind frustriert. Sie erleben an ihm ein typisches passiv-aggressives Verhalten.

Wie man passiv-aggressives Verhalten erkennt

Man kann auf verschiedene Weise herausbekommen, ob ein bestimmtes Verhalten tatsächlich passiv-aggressiv ist. Eine genaue Identifizierung ist wichtig, weil es viele ähnliche Verhaltensstörungen gibt, die aber etwas anders gelagert sind. Das erste entscheidende Merkmal ist, dass dieses Verhalten im Grunde gegen jede Vernunft gerichtet ist. Denken wir an Harald. Bei seinen Fähigkeiten und seinem Fleiß ist es überhaupt nicht nachzuvollziehen, warum er so schlechte Zensuren bekommt.

> Passiv-aggressives Verhalten erkennt man daran, dass alles, was man dagegen unternehmen kann, keine Wirkung zeigt. Denn es ist ja gerade der Zweck dieses Verhaltens, die Autoritätsperson zu ärgern.

Nichts von dem, was Haralds Eltern oder Lehrer taten, fruchtete. Die Noten blieben einfach schlecht. Die Eltern halfen bei den Hausaufgaben, sie versprachen ihm eine Belohnung, wenn die Zensuren sich verbessern würden, und sie probierten es mit Strafe. Jeder neue Versuch schien die Situation kurzfristig zu verbessern, aber langfristig zeigte nichts eine Wirkung. Das ist auch der Grund, warum passiv-aggressives Verhalten so schwer in den Griff zu bekommen ist. Unbewusst tat Harald alles, um jeden Vorstoß seiner Eltern scheitern zu lassen, denn das verborgene Motiv hinter allem war ja, seine Eltern zu provozieren.

Das Tragische an solch einer Situation ist allerdings, dass sich derjenige mit dem passiv-aggressiven Verhalten letztlich selber schadet. Er verbaut sich seine Zukunft, indem er durch sein Verhalten die eigene Beziehungsfähigkeit beschädigt.

Teenager und passiv-aggressives Verhalten

> ! Die Pubertät ist der einzige Lebensabschnitt, in dem passiv-aggressives Verhalten normal ist.

Normal ist es allerdings auch nur dann, wenn es keinen dauerhaften Schaden bei den Beteiligten anrichtet. Es ist ja wichtig, dass die jungen Menschen lernen, ihren Zorn richtig zu handhaben, und damit auch aus dieser passiv-aggressiven Phase herauswachsen. Wenn das nicht gelingt, wird sich dieses Defizit dauerhaft im Charakter des Betreffenden einprägen und sein ganzes weiteres Leben bestimmen. Gegen jeden wird er aufbegehren – gegen Vorgesetzte, Ehepartner, Kinder und Freunde.

Damals, als wir Eltern noch Kinder waren, hatten wir verhältnismäßig beschränkte Möglichkeiten, unseren Zorn auszuleben. Auf dem Land haben die jungen Leute vielleicht Nachbars Kuh auf die Tenne gehievt oder das Toilettenhäuschen umgekippt. In der Stadt haben sich ein paar Jungen zusammengefunden und einen VW Käfer auseinandergenommen, um ihn im Schlafzimmer des Besitzers wieder zusammenzubauen. Heute stehen den Jugendlichen viel mehr Möglichkeiten offen und viele davon bergen große Gefahren in sich: Drogen, Gewalt, Jugendkriminalität, sexuelle Kontakte mit ernsten Folgen und Suizid. Wenn junge Menschen diese Phase endlich hinter sich gebracht haben, hat ihr Leben oft schon dauerhaft Schaden genommen.

Als Eltern müssen wir unterscheiden lernen zwischen harmlosem passiv-aggressivem Verhalten und seiner wirklich schädlichen Variante. Der mit Toilettenpapier umwickelte Baum ist ein Schabernack, der typisch für diese Phase ist und als Ventil für aufgestauten Ärger fungiert. Ein unaufgeräumtes Zimmer ist zwar ein Ärgernis, aber harmlos. Auch stereotype Körperbewegungen und eine allgemeine körperliche Unruhe dienen meist nur dazu, den Bewegungsdrang des jungen Menschen zu befriedigen. Man hilft den Teenagern, wenn man viel gemeinsam unternimmt: Klettertouren, Radtouren und Sport mit viel Bewegung.

Mit siebzehn sollte dann eigentlich alles überstanden sein. Dieses Ziel wird aber nur erreicht, wenn den jungen Leuten auch gezeigt worden ist, wie man Wut und Zorn in vernünftige Bahnen lenkt.

Weil so viele Menschen diese Phase niemals hinter sich lassen, erlebt man passiv-aggressives Verhalten auch noch bei Erwachsenen. Viele von ihnen haben überhaupt keine Vorstellung davon, woher ihr Zorn kommt. Eltern machen immer wieder den Fehler, Zorn prinzipiell für schlecht zu halten. Und so lassen sie nichts unversucht, ihn ihren Kindern auszutreiben. Doch das kann nicht funktionieren. Die Kinder und Jugendlichen lernen dadurch nicht, selbständig ihren Zorn zu bändigen. Und so gehen sie auch noch als Erwachsene falsch damit um – so wie auch ihre Eltern es schon taten. Passiv-aggressives Verhalten ist eine der Ursachen für das Versagen beim Studium. Später zeigt es sich bei Problemen mit Vorgesetzten und bei Ehestreitigkeiten spielt es auch wieder eine Rolle.

Passiv-aggressives Verhalten ist meist unbemerkt die Ursache für viele Schwierigkeiten im Leben. Zorn und Wut lassen sich niemals durch Strafe kanalisieren.

!

Weil passiv-aggressives Verhalten meist unbemerkt die Ursache für viele Schwierigkeiten in unserem Leben ist, müssen wir als Eltern unsere Kinder und Teenager lehren, ihren Zorn in geordnete Bahnen zu lenken. Wir können ihn niemals durch Strafe austreiben.

DEN RECHTEN UMGANG BEIZEITEN LEHREN

Man sollte schon früh damit beginnen, den Kindern zu zeigen, wie sie mit Wut und Ärger richtig umgehen, und damit nicht bis zur Pubertät warten. Aber erst ab dem Schulalter kann man erwarten, dass sie die nötige Reife dafür mitbringen, die Zusammenhänge zu begreifen.

Davor können Sie nur versuchen zu verhindern, dass passiv-aggressives Verhalten zur Gewohnheit wird. Und das erreichen Sie am besten dadurch, dass Sie den Liebestank Ihres Kindes stets mit bedingungsloser Zuneigung gefüllt halten.

! Die Hauptursache für Zorn und Rebellion ist immer ein leerer Liebestank.

Reden Sie mit dem Kind in seiner persönlichen Liebessprache verständlich und regelmäßig und Sie werden verhindern, dass es sich an passiv-aggressives Verhalten gewöhnt.

Wenn der Liebestank voll ist, hat ein Kind es nicht nötig, seine Unzufriedenheit durch Provokationen zum Ausdruck zu bringen.

Letztlich sind solche Provokationen ja doch immer nur die verschlüsselte Frage: „Hast du mich lieb?“ Dem Kind aber, dessen Liebestank leer ist, bleibt meist nichts anderes übrig, als diese Frage durch provokantes Verhalten wieder und wieder zu stellen. Natürlich gibt es auch noch andere Ursachen für Aufsässigkeit, aber der leere Liebestank ist wohl die häufigste.

Sie sollten immer bedenken, dass sich Ihre Kinder gegen den elterlichen Zorn nicht wehren können. Wenn Sie als Eltern Ihre Wut an ihnen auslassen, dann trifft sie das tief und es kommt zu entsprechenden Gegenreaktionen. Geschieht so etwas häufiger, dann hat sich eines Tages so viel Zorn in Ihrem Kind aufgestaut, dass er sich durch passiv-aggressives Verhalten einen Weg nach außen bahnt. Reagieren Sie aber in diesem Fall gelassen. Hören Sie in aller Ruhe zu und gestatten Sie es Ihrem Kind, seinem Ärger Luft zu machen und alles auszusprechen, was es wütend gemacht hat. Das ist vielleicht im Augenblick nicht angenehm für Sie, aber immer noch erträglicher, als wenn das Kind seinen Ärger auf andere Weise abreagiert.

Lassen Sie Ihr Kind alles aussprechen, was es wütend gemacht hat.

Sobald aber das Kind seinem Ärger Luft macht und die Eltern verbal attackiert, reagieren diese leider oft mit noch größerem Zorn und schreien zurück: „Wie kannst du es wagen, mit mir so zu reden! So etwas möchte ich nicht noch einmal hören! Hast du mich verstanden?" Das Kind hat dann nur noch eine Alternative: Es kann gehorchen und seine Wut verdrängen oder das Gebot ignorieren und weiteren Ärger bekommen. Was für ein Dilemma!

DEM KIND HELFEN, DIE „ZORNLEITER" ZU ERKLIMMEN

Vielen Eltern ist geholfen worden, die Wutausbrüche ihrer Kinder besser zu verstehen, indem sie unsere Zornleiter (auf der nächsten Seite abgebildet) als Hilfsmittel benutzt haben. Sie als Eltern werden in den kommenden Jahren sicher Ihren Kindern helfen wollen, diese Leiter Sprosse für Sprosse zu erklimmen.

Das Ziel ist, dass das Kind Konflikte mit mehr Gelassenheit und Freundlichkeit bewältigt. Dazu sind Eltern als Vorbilder gefragt.

Das ist ein langwieriger Prozess, der sehr viel Training und Geduld erfordert. Manchmal muss ein Kind an der untersten Sprosse anfangen und dann sind die ersten kleinen Fortschritte kaum wahrnehmbar. Aber es sind dennoch Fortschritte! Weil Eltern diese ersten Erfolge oft nicht wahrnehmen, werden sie ungeduldig.

Vor allem in der Pubertät äußert sich passiv-aggressives Verhalten in völlig unkontrollierter Wut.

Ganz unten auf der Leiter finden Sie das passiv-aggressive Verhalten. Es steht für völlig unkontrollierte Wut. Weil man dieses Verhalten vor allem in der Pubertät erlebt, werden Sie damit wahrscheinlich irgendwann konfrontiert. Wichtig ist, dass Sie Ihren Teenager dann nicht sich selbst überlassen. Wenn Sie untätig bleiben, sind die Wei-

chen für ein Leben voller Schwierigkeiten und Misserfolge gestellt.

Denken Sie aber daran, dass Ihr Kind immer nur eine Sprosse nach der anderen erklimmen kann. Wenn Sie vorschnell auf den großen Durchbruch warten, werden Sie enttäuscht werden. Sie müssen immer geduldig warten, bis Ihr Kind für die nächste Sprosse bereit ist. Das verlangt Geduld und Weisheit. Doch die Mühe lohnt sich allemal. Wichtig ist immer die Standortbestimmung Ihres Kindes auf der Leiter. Dazu müssen Sie darauf achten, wie es Wut und Zorn äußert. Sie wissen dann, welcher Schritt folgen wird.[1]

Positiv

1. angenehmes Verhalten • Lösungen suchen • Zorn auf die eigentliche Ursache konzentrieren • sich auf die ursprüngliche Beschwerde beschränken • logisch denken

2. angenehmes Verhalten • Zorn auf die eigentliche Ursache konzentrieren • sich auf die ursprüngliche Beschwerde beschränken • logisch denken

Positiv und negativ

3. Zorn auf die eigentliche Ursache konzentrieren • sich auf die ursprüngliche Beschwerde beschränken • logisch denken • unangenehmes und lautes Verhalten

4. sich auf die ursprüngliche Beschwerde beschränken • logisch denken • unangenehmes, lautes Verhalten • Zorn auf andere Ursachen ausdehnen, die ursprünglich nichts mit der Sache zu tun haben

5. Zorn auf die eigentliche Ursache konzentrieren • sich auf die ursprüngliche Beschwerde beschränken • logisch denken • unangenehmes, lautes Verhalten • Beschimpfungen

6. logisch denken • unangenehmes, lautes Verhalten • Zorn auf andere Ursachen ausdehnen, zusätzliche Beschwerden vorbringen

Vorwiegend negativ

7. unangenehmes, lautes Verhalten • Zorn auf andere Ursachen ausdehnen • zusätzliche Beschwerden vortragen • emotional destruktives Verhalten

8. unangenehmes, lautes Verhalten • Zorn auf andere Ursachen ausdehnen • zusätzliche Beschwerden vorbringen • Beschimpfungen • emotional destruktives Verhalten

9. unangenehmes, lautes Verhalten • Fluchen • Zorn auf andere Ursachen ausdehnen • Beschimpfungen • emotional destruktives Verhalten

10. Zorn auf die eigentliche Ursache konzentrieren • unangenehmes, lautes Verhalten • Fluchen • Zorn auf andere Ursachen ausdehnen • mit Gegenständen werfen • emotional destruktives Verhalten

11. unangenehmes, lautes Verhalten • Fluchen • Zorn auf andere Ursachen ausdehnen • mit Gegenständen werfen • emotional destruktives Verhalten

Negativ

12. Zorn auf die eigentliche Ursache konzentrieren • unangenehmes, lautes Verhalten • Fluchen • Eigentum anderer zerstören • Beschimpfungen • emotional destruktives Verhalten

13. unangenehmes, lautes Verhalten • Fluchen • Zorn auf andere Ursachen ausdehnen • Eigentum anderer zerstören • Beschimpfungen • emotional destruktives Verhalten

14. unangenehmes, lautes Verhalten • Fluchen • Zorn auf andere Ursachen ausdehnen • Eigentum anderer zerstören • Beschimpfungen • Handgreiflichkeiten • emotional destruktives Verhalten

15. passiv-aggressives Verhalten

Ich (Ross Campbell) erinnere mich noch an eine sehr unerfreuliche Zeit bei uns zu Hause, als mein Sohn David dreizehn war. Er schimpfte wie ein Rohrspatz, wenn er sich über irgendetwas besonders aufregte.

Manchmal beschimpfte er auch mich in einer Art, die ich mir nicht gefallen lassen wollte und konnte. Aber ich wusste nicht recht, wie ich reagieren sollte. Ich wusste nur, dass ich seinen Standort auf der Zornleiter besser bestimmen konnte, wenn ich ihn gewähren ließ. Ohne es wirklich auszusprechen, ermunterte ich ihn in Gedanken, wenn er wieder einmal schimpfte: *Los David! Los! Lass die Wut raus! Wenn du fertig bist, habe ich dich, mein Junge!*

Ich wollte vor allem, dass David seinen Zorn einfach loswurde, denn ich wusste: Solange dies nicht geschieht, ist die Wut bei meinem Sohn Herr im Haus. In dem Augenblick aber, da er sich von ihr befreit, wird er begreifen, wie töricht sein Verhalten war. Und so geschah es dann auch. Er war wieder Herr seiner selbst und fragte sich nun, was das Ganze eigentlich sollte. Das war der Moment, wo ich ansetzen konnte.

Indem ich diese verbalen Attacken zuließ, half ich ihm auch noch auf andere Weise. Je ausführlicher er sich verbal ausließ, desto weniger würde er lügen, stehlen, Drogen nehmen, nach sexuellen Abenteuern Ausschau halten oder an all den anderen heute so verbreiteten passiv-aggressiven Aktivitäten Interesse zeigen. Und das ist bei Ihren Kindern nicht anders. Lassen Sie sie schimpfen und all ihren Zorn in Worte kleiden, dann erfahren Sie, wo sie sich gerade auf der Zornleiter befinden. Was ausgesprochen ist, übt keine Herrschaft mehr aus. Ihr Kind ist wieder Herr im Haus und kann sein passiv-aggressives Verhalten kontrollieren.

Lassen Sie Ihre Kinder schimpfen und ihre Wut verbal ausdrücken. Denn was ausgesprochen ist, beherrscht sie nicht mehr.

LASSEN SIE SIE SCHIMPFEN

Ich weiß, dass das alles für viele gar nicht so leicht nachzuvollziehen ist, hört es sich doch ein bisschen nach antiautoritärer Erziehung an. Aber das ist es keineswegs.

> Die Kinder können nicht lernen, wie reife Menschen mit ihrem Zorn umzugehen, wenn auch wir zornig auf sie werden und ihnen einfach nur den Mund verbieten.

Wenn Sie ihnen nicht gestatten, ihre Gefühle zu verbalisieren, so wird der Zorn vielleicht im Augenblick unterdrückt, aber er kommt später als passiv-aggressives Verhalten wieder zum Vorschein.

Wenn Sie Ihrem Kind beibringen wollen, Zorn auf vernünftige Weise zu verarbeiten, dann müssen sie ihm gestatten, all seinen Ärger und alle Wut auszusprechen, auch wenn es im Einzelfall Überwindung kostet, das so hinzunehmen.

> Wenn wir einem Kind das Schimpfen verbieten, kommt unweigerlich aufgestaute Wut durch entsprechendes Verhalten ans Licht.

Denken Sie daran, dass der Ärger ohnehin herausmuss – verbal oder durch passiv-aggressives Verhalten.

> Ein Kind, das schimpft und ausfallend wird, ist noch nicht automatisch respektlos.

Entscheidend ist seine Grundeinstellung. Um diese herauszubekommen, sollten Sie sich fragen, ob Ihr Kind im Normalfall Respekt vor Ihnen hat. Wenn das bei Ihrem Kind zutrifft und es in einer bestimmten Situation seinem Ärger Luft macht, dann seien Sie froh darüber, denn nun können Sie dafür sorgen, dass es ein paar wichtige Erfahrungen macht.

Ist das nicht ein bisschen zu viel verlangt, dass ich auch noch froh sein soll, wenn meine Tochter schimpft und ich mich beherrschen muss? So fragen Sie jetzt vielleicht. Wir geben zu, dass das Überwindung kostet. Aber indem Sie sich überwinden, tragen Sie ja auch noch zu Ihrer eigenen Reife bei. Und Sie ersparen sich und Ihrer Familie viel gravierendere Probleme in der Zukunft.

Sie fragen: Wie verhalte ich mich, wenn das Kind bei jeder Gelegenheit schreit und schimpft, ohne dass ein konkreter Anlass für seinen Zorn vorliegt? Das kommt vor. Manche Kinder sind nur deshalb ungezogen, um ihre Eltern so zu entnerven, dass sie schließlich ihren Kopf durchsetzen können. Das kann man natürlich nicht durchgehen lassen. Wutausbrüche, die dazu dienen, andere zu ärgern und zu verletzen, sind inakzeptabel und bedürfen der Korrektur. Solche Beschimpfungen sind wie jedes andere Fehlverhalten zu ahnden. Doch auch dabei sollten Sie unseren Erziehungsgrundsatz nicht vergessen: Sei freundlich, aber konsequent.

DER RICHTIGE AUGENBLICK FÜR DIE LEKTION

Ein Kind, das seine Wut äußern darf, ist bereit, etwas zu lernen. Allerdings sollten Sie mit der Lektion erst dann beginnen, wenn sich auf beiden Seiten die Wogen geglättet haben und Sie wieder gut miteinander auskommen. Warten Sie jedoch nicht zu lange, damit Sie noch an die gemachten Erfahrungen Ihres Kindes anknüpfen können. Sobald also Ihre Beziehung befriedet ist, sollten Sie sich zusammensetzen und drei Dinge tun, um Ihrem Kind zu helfen, seinen Zorn in positive Bahnen zu lenken:

1. Sagen Sie Ihrem Kind, dass Sie es wegen seines Wutanfalls nicht verurteilen. Besonders Kinder mit einem ausgeprägten Gewissen entwickeln schnell starke Schuldgefühle. Wenn Sie solch einem Kind die Information vorenthalten, dass Sie es nicht verurteilen, wird es vielleicht nie wieder wagen, seinen Gefühlen freien Lauf zu lassen. Dann aber haben auch Sie nicht mehr die Gelegenheit, ihm beim Erklimmen der Zornleiter zu helfen. Zu Ihrem Trainingsprogramm gehört es also, dass Sie etwas ganz Wichtiges zum Ausdruck bringen: Sie nehmen Ihr Kind an, so wie es ist, und Sie wollen immer wissen, wie es sich fühlt – ob gut oder schlecht.

2. Loben Sie Ihr Kind, wenn es offen und ehrlich gewesen ist. Sie könnten sagen: „Du hast mir ja ganz schön deutlich gesagt, dass dich so etwas wütend macht. Das finde ich richtig gut! Du hast deine Wut nicht an deinem kleinen Bruder oder dem Hund ausgelassen. Gut, dass du auch nichts vor Wut an die Wand geschmissen hast. Ich finde es klasse, dass du einfach nur gesagt hast, wie stinksauer du bist." Jedes Mal, wenn Ihr Kind kein Blatt vor den Mund genommen hat, hat es grundsätzlich etwas Richtiges getan und Schlimmeres verhindert!

3. Helfen Sie Ihrem Kind beim Aufstieg von Sprosse zu Sprosse. Das Ziel ist, Ihren Sohn oder die Tochter dazu zu befähigen, vernünftiger mit Zorn und Wut umzugehen. Dazu gehört es, dass Sie Verbote möglichst vermeiden und stattdessen ein Anliegen formulieren.

!

Schreien Sie ein Kind nicht an, sondern formulieren Sie in aller Freundlichkeit Ihr Anliegen.

Sie schreien nicht: „Das sagst du nie wieder zu mir!“, sondern sprechen eine Bitte aus: „Ich wünsche mir, dass du so etwas in Zukunft nicht mehr zu mir sagst, mein lieber Sohn! O.K.?“ Das ist zwar noch keine Garantie, dass Ihr Filius nie wieder diesen Ausdruck gebraucht, doch sobald er die entsprechende Reife hat, wird er so viel leichter davon ablassen können. Das kann morgen sein, in ein paar Wochen oder noch später.

Solch ein Training ist langwierig und mit Mühe verbunden. Doch wenn Sie lange genug durchhalten, wird Ihr Kind auch ohne ständige Ermahnungen anfangen, sich wie ein reifer Mensch zu benehmen. Guter Rat und Ihr Vorbild werden Ihren Sohn oder Ihre Tochter eines Tages dazu befähigen, sich selber zu trainieren und selbständig zu handeln.[2]

LIEBE UND ZORN

Noch einmal: Bedingungslose Liebe ist die wichtigste Voraussetzung für ein Training, mit dem die Kinder befähigt werden sollen, ihren Zorn zu bändigen.

Wenn Teenager wissen, dass sie geliebt werden, erreichen sie das gesteckte Ziel bereits mit siebzehn oder achtzehn und sind reife junge Menschen.

Wenn sie wissen, dass sie beständig, ohne Vorleistungen erbringen zu müssen, geliebt werden, sprechen sie auch viel besser auf die Bemühungen ihrer Eltern an.

Wir definieren Liebe als den Wunsch, sich für die Interessen des anderen einzusetzen und die Befriedigung seiner Bedürfnisse anzustreben. Bei dieser Definition ist jedes hässliche Wort und jede Tat, die Schaden anrichtet, ein Zeichen für mangelnde Liebe. Wir können ein Kind nicht lieben und es gleichzeitig beschimpfen. Wenn wir das tun, sorgen wir dafür, dass das Wort Liebe seine Bedeutung verliert. Ein Kind, das so behandelt wird, fühlt sich deshalb auch nicht geliebt. Und es entwickelt Zorn, weil es sich von Lippenbekenntnissen getäuscht fühlt.

Wir alle kennen wahrscheinlich Erwachsene, die immer nur missgestimmt und mürrisch durchs Leben gehen, weil sie niemals Liebe von ihren Eltern erfahren haben. Sie können zum Teil ganz konkrete und nachvollziehbare Gründe für ihr aufbrausendes Wesen angeben, aber wenn man genau nachforscht, entdeckt man doch, dass die Wurzel allen Übels der stets empfundene Liebesmangel ist.

Wir behaupten nicht, dass Kinder, die bedingungslos geliebt werden und dies durch ihre Muttersprache der Liebe und alle anderen Liebessprachen vermittelt bekommen, niemals mehr aus der Haut fahren. Das wird sich immer noch ereignen, weil wir in einer unvollkommenen Welt leben. Ebenso behaupten wir nicht, dass Sie immer nur Ja sagen sollen, nur damit Ihre Kinder nicht zornig werden müssen.

Wir brauchen nicht mit allem einverstanden sein, was unsere Kinder sagen, aber wir sollten uns ihren Standpunkt wenigstens anhören und versuchen, ihr Anliegen zu verstehen.

!

Dann erst können wir beurteilen, ob wir ihnen nicht vielleicht doch unrecht tun oder sie missverstehen. Zuweilen müssen wir uns wahrscheinlich sogar bei unseren Kindern entschuldigen. Ein andermal wird es nötig sein, ihnen unsere guten Gründe für eine Entscheidung mitzuteilen, die zu ihrem Wohl getroffen wurde.

!

Wenn wir uns die Zeit nehmen, die Einwände unserer Kinder zu verstehen, respektieren sie unsere Entscheidung, auch wenn sie sie nicht gut finden.

Der Umgang mit Wut und Zorn ist eine der schwierigsten Erziehungsaufgaben. Aber wenn wir gute Arbeit leisten, ist der Lohn groß. Sprechen Sie die Liebessprache Ihres Kindes. Sorgen Sie dafür, dass sein Liebestank immer gefüllt ist, und begleiten Sie es auf dem Weg zu einem liebesfähigen und verantwortungsbewussten erwachsenen Menschen, der es versteht, seinen Zorn zu bändigen und damit auch anderen zum Vorbild zu werden.

Anmerkungen

[1] Mehr über die Zornleiter finden Sie in dem Buch *Bevor der Kragen platzt* von Ross Campbell, Francke-Buch GmbH, Marburg.

[2] Mehr zum Thema Zorn bei Kindern finden Sie in dem Buch *Kinder sind wie ein Spiegel* von Ross Campbell, Francke-Buch GmbH, Marburg.

11 | Alleinerziehende Eltern und die Sprachen der Liebe

Finden Sie es auch manchmal ganz schön anstrengend, den Liebestank Ihrer Kinder gefüllt zu halten? Sie sind abgespannt und müde, die Kinder zerren an den Nerven und Sie selber brauchen ab und zu auch ein bisschen Liebe und Zuwendung. Aber dafür haben Sie ja Ihren Ehepartner. Oder vielleicht auch nicht.

Bei unzähligen alleinerziehenden Vätern und Müttern muss einer allein den Liebestank der Kinder gefüllt halten. Nicht Vater und Mutter geben durch eine Zweierbeziehung Liebe an ihre Kinder weiter, sondern einer allein muss Liebe schenken, der vielleicht selber einsam und verwundet ist, unter Druck steht und sich bei keinem Partner anlehnen kann.

Doch auch Sie als einsamer Kämpfer können sich bemühen, die Liebessprache Ihres Kindes zu sprechen und seinen Liebestank zu füllen. Alles, was wir über die Liebe zu unseren Kindern bisher gesagt haben, gilt auch für Sie! Es macht keinen Unterschied, ob die Kinder bei einem Elternpaar oder nur bei einem Elternteil leben. Alleinerziehende Väter und Mütter haben zwar mit vielen spezifischen Problemen zu kämpfen, aber das, was wir über die fünf Sprachen der Liebe erkannt haben, gilt auch uneingeschränkt bei ihnen. Weil so viele Kinder bei alleinerziehenden Vätern oder Müttern leben, ist es nötig, hier einige der spezifischen Nöte und Belange dieser Familien anzusprechen.

Auch die Anwendung der fünf Liebessprachen hat ein paar Besonderheiten in diesen Familien.

Uns ist natürlich bewusst, dass man in Haushalten mit alleinerziehenden Eltern ganz unterschiedliche Bedingungen vorfindet. Bei einer Scheidung haben viele Kinder einen freundschaftlichen Kontakt zu dem Elternteil, der das Sorgerecht verloren hat. Anderen tun solche Begegnungen gar nicht gut oder sie haben gar keinen Kontakt mehr zum Vater oder zur Mutter. Manche alleinerziehende Eltern sind in der glücklichen Lage, in der Nähe von Angehörigen zu wohnen, sodass sie von dem engen Kontakt zu Großeltern, Onkel, Tanten, Cousins und Cousinen profitieren. Manchmal aber leben Verwandte weit entfernt, sodass die Betroffenen ganz auf sich gestellt sind.

Wie Ihre Situation auch immer sein mag – selbst als alleinstehender Vater oder alleinstehende Mutter können Sie Ihre Familie mit Liebe verwöhnen – am besten, indem Sie die persönlichen Liebessprachen Ihrer Kinder sprechen.

SPANNUNGEN UND CHAOS ZU HAUSE

Wer ganz allein die Kinder versorgen und gleichzeitig die Brötchen verdienen muss und sich obendrein noch ein Stück Privatleben reservieren möchte, der weiß, was Spannungen an der Heimatfront sind. Wenn das Ihre Situation ist, dann kennen Sie Zeitdruck, finanzielle Engpässe und vielleicht sogar den sozialen Abstieg. Sie kennen die Zweifel, die man Ihnen gegenüber äußert, ob Sie denn überhaupt mit Ihrer Lage fertig werden. Sie haben von Berichten sogenannter Experten gehört, die all die Gefahren für Kinder, die ohne Vater oder Mutter aufwachsen, aufzählen. Es gibt immer wieder Zeiten, in denen Sie ganz besonders die Einsamkeit spüren und erschöpft sind, weil Sie alles allein bewältigen müssen.

Wir alle kennen wohl Menschen, die nur bei einem Elternteil aufgewachsen sind. In früheren Jahren war meist der unerwartete Tod des Vaters oder der Mutter schuld. Heute ist die hohe Scheidungsrate immer mehr die Ursache dieses Übels. Wir müssen endlich begreifen, was für ein seelisches Trauma eine solche Scheidung ist. Der Schock sitzt in diesem Fall oft tiefer als bei Kindern, die Vater oder Mutter durch den Tod verloren haben.

Wenn ein Elternteil stirbt, ist dem Kind meist bewusst, dass dies unabwendbar war. Oft ist dem Ableben eine Krankheit vorausgegangen, sodass das Kind sich schon einige Zeit mit dem Tod gedanklich vertraut machen konnte. Eine Scheidung ist immer ein Willensakt, an dem beide Eltern beteiligt sind, auch wenn der Entschluss dazu häufig als unvermeidbar erscheint. Eine Witwe muss es lernen, mit den Erinnerungen ihres Kindes an den Vater zu leben. Doch viel schwieriger ist es, den guten oder schlechten Umgang ihrer Kinder mit dem getrennt lebenden Expartner pädagogisch richtig zu begleiten. Ein geschiedener Ehepartner muss sich viele Jahre auf schwierige und heikle Entscheidungen einstellen, denn der Kontakt der Kinder mit dem Partner, der ausgezogen ist, muss ständig irgendwie geregelt werden.

Viele geschiedene Väter und Mütter bekommen zudem noch Probleme mit der Verwandtschaft und mit der Gemeinde. Keiner weiß mehr etwas mit ihnen anzufangen. Und so mancher liebe Mitmensch fühlt sich auch noch genötigt, seine Kritik an der Scheidung kundzutun.

!

Nichts beeinflusst das Zusammenleben von Menschen nachhaltiger als eine Scheidung.

Die ständig zunehmende Zahl alleinerziehender Eltern ist jedoch ein so vielschichtiges gesellschaftliches Problem, dass eine Vertiefung dieses Themas den Rahmen unseres Buches sprengen würde. Wir konzentrieren uns deshalb auf ein paar ganz praktische Lösungen: Wie können wir den Kindern helfen, sich in einer Situation zurechtzufinden, die sie selber nicht gewollt haben und an der sie selber auch kaum etwas ändern können? Wir wollen aber auch die vielen alleinerziehenden Eltern nicht vergessen, die sich tapfer darum bemühen, ihre „halbe" Familie intakt zu halten und frohe, verantwortungsbewusste Kinder großzuziehen.

Die Kinder in solchen Familien haben die gleichen Bedürfnisse wie alle anderen Kinder auch. Allerdings müssen diese Bedürfnisse etwas anders gestillt werden. Es gibt nur einen, der am Steuer sitzen kann. Und derjenige, der das Steuer in der Hand hält, ist auch noch verwundet. Verletzte Väter oder Mütter wollen ihren verletzten Kindern zur Seite stehen und hoffen gleichzeitig, ihnen das Gefühl zu geben, dass ihr Leben doch eigentlich ganz normal ist. Diese Kinder müssen sich nicht nur mit den üblichen Herausforderungen und Problemen des Erwachsenwerdens auseinandersetzen. Sie müssen darüber hinaus Schwierigkeiten meistern, die ihnen eigentlich hätten erspart bleiben sollen.

Judith Wallerstein, Gründerin und Direktorin eines Seelsorgezentrums für Familien, hat sich intensiv mit der Frage beschäftigt, welche Folgen Scheidungen für Kinder haben. In ihrem Buch *Second Chance*[1] schreibt sie, dass sie ihre Studien mit einem Vorurteil begann, das weit verbreitet ist: Eine Scheidung sei ein Ende mit Schrecken, aber dafür kein Schrecken ohne Ende. Langfristig bedeute sie für alle Beteiligten mehr Zufriedenheit und Glück. Doch im Laufe ihrer Forschungen musste Frau Wallerstein erkennen, dass diese Annahme nicht den Tatsachen entspricht. Es gibt viele Anzeichen dafür, dass Kinder über eine Scheidung niemals wirklich hinwegkommen.

Die meisten Kinder, die sie und ihre Mitarbeiter befragten, bezeichneten ihre Situation als nicht normal. Sie seien eben Scheidungskinder. Allerdings gebe es auch ein Gefühl der Solidarität unter ihnen. Am weitesten verbreitet unter diesen Kindern waren Emotionen wie Zorn und Angst. Sogar noch zehn Jahre nach der Scheidung waren diese Folgen häufig zu beobachten.

DEM KIND HELFEN, SEINE TRAUER ZU VERARBEITEN

> Ängste und Sorgen können dafür verantwortlich sein, dass der Liebestank eines Menschen nie richtig voll wird.

Wenn Sie also mit einem betroffenen Kind seine persönliche Liebessprache sprechen, dann sollten Sie immer damit rechnen, dass Sie dies sehr ausgiebig tun müssen, weil sehr viel Liebe nötig ist. Leugnen der Realität, Ängste, vergebliche Versuche zu retten, was noch zu retten ist, und noch mehr Ängste – das sind die Folgen, die Scheidungskinder und Halbwaisen zu tragen haben. Irgendwann gelingt es ihnen, sich halbwegs in der neuen Situation zurechtzufinden. Manche Kinder schaffen das schneller als andere, aber meist nur dann, wenn Personen ihres Vertrauens das Gespräch über den Verlust in Gang bringen. Diese Kinder brauchen dringend jemanden, bei dem sie sich aussprechen und ausweinen können. Wenn dafür keine geeignete Person aus der Verwandtschaft zur Verfügung steht, kann dies auch ein mitfühlender Pastor, Freund oder Seelsorger übernehmen.

Wir wollen diese Reaktionen einmal im Einzelnen betrachten und uns fragen, wie Eltern und andere Vertrauenspersonen dem Kind helfen können, über den Verlust hinwegzukommen. Der Gebrauch der persönlichen Liebessprache wird dabei die entscheidendste Rolle spielen.

Leugnen der Realität

Die erste Reaktion ist immer, das Geschehene nicht wahrhaben zu wollen. Ein Kind will zunächst nicht glauben, dass seine Eltern sich auseinandergelebt haben oder dass der Vater oder die Mutter gestorben ist. Es wird sich zunächst einreden, die Trennung sei nur vorübergehend oder der Verstorbene sei nur verreist und komme bald wieder. Das ist die Zeit der größten Ängste und der Trauer. Die Abwesenheit wird als Verlust empfunden. Das Verlangen nach der Gegenwart des betreffenden Elternteils hat zur Folge, dass das Kind noch viel weinen wird. Und im Falle der Scheidung kommt noch das Gefühl hinzu, vernachlässigt zu werden.

Zorn

Diese Phase des Leugnens geht einher mit sehr viel Wut und Zorn. Das Kind ist wütend auf seine Eltern, weil sie das ungeschriebene Gesetz wahrer Elternschaft übertreten haben: Vater und Mutter sollen ihr Kind umsorgen und es nicht einfach verlassen. Dieser Zorn wird entweder offen ausgesprochen oder aber im Innersten verborgen, aus Angst, die Eltern noch mehr zu belasten oder gar bestraft zu werden. Ein Kind, das seinen Zorn offen zeigt, neigt zu Wutanfällen und verbalen Attacken und kann sogar handgreiflich werden. Es ist sich seiner Machtlosigkeit bewusst. Schließlich hat es keine Stimme in dem Konflikt, von dem es doch selber so betroffen ist. Ein solches Kind fühlt sich furchtbar einsam, weil es oft niemanden hat, bei dem es sich aussprechen kann.

Die Wut richtet sich entweder gegen den Partner, der ausgezogen ist, oder gegen den, der geblieben ist. Manchmal richtet er sich auch gegen beide Eltern. Ist ein Elternteil gestorben, kann sich der Zorn sogar gegen Gott richten. Das Kind braucht besonders jetzt das Gefühl, geliebt zu werden und bei jemandem Geborgenheit zu finden. Der Partner, der die Familie verlassen hat, wird dieses Gefühl kaum vermitteln können. Doch auch der anwesende Elternteil ist unter Umständen nicht in der Lage, Geborgenheit und Liebe zu schenken. Vor allem, wenn das Kind überzeugt ist, dass die Mutter, bei der es geblieben ist, Mitschuld an der Scheidung trägt, wird es von beiden Eltern die Bekundungen von Zuneigung zurückweisen. Aus diesem Grund sollten besonders Großeltern, Angehörige, Lehrer und Gemeindemitarbeiter nach Möglichkeiten Ausschau halten, dem Kind wieder ein Gefühl der Geborgenheit zu geben. Wenn sie dann sogar die persönliche Liebessprache des Kindes kennen und gebrauchen, werden ihre Bemühungen noch erfolgreicher sein.

PRAXISBEISPIEL

Uwes Liebessprache ist der Körperkontakt. Der Vater machte sich auf und davon, als Uwe neun Jahre alt war. Zurückblickend kommt er heute zu der Erkenntnis: „Wenn damals Großvater nicht gewesen wäre, hätte ich das alles nicht so gut überstanden. Als wir uns das erste Mal sahen, nachdem mein Vater gegangen war, nahm er mich in den Arm und hielt mich lange fest. Er sagte nichts, aber ich wusste, dass er mich liebte und immer für mich da sein würde. Jedes Mal, wenn er uns besuchte, nahm er mich in seine Arme, und wenn er wieder ging, tat er das Gleiche. Ich weiß nicht, ob er sich bewusst war, was diese Umarmungen für mich bedeuteten, aber sie waren jedes Mal für mich wie ein sanfter Regen, der auf ausgetrocknetes Land fällt.

Auch meine Mutter tat alles, um mir zur Seite zu stehen. Sie ließ mich reden und Fragen stellen, um mein Leid mit ihr zu teilen. Ich weiß, dass auch sie mich lieb hatte. Aber zu Anfang war ich nicht bereit, ihre Liebe anzunehmen. Auch sie wollte mich in den Arm nehmen, doch ich stieß sie fort. Ich gab ihr damals die Schuld dafür, dass Vater gegangen war. Erst als ich erfuhr, dass er uns wegen einer anderen Frau verlassen hatte, wurde mir bewusst, wie sehr ich ihr unrecht getan hatte. Von da an ließ ich mich wieder umarmen und wir rückten wieder näher zusammen."

Verhandeln

Nach dem Leugnen der Realität und dem Zorn kommt der Versuch zu retten, was noch zu retten ist. Wenn die Eltern sich trennen, wird das Kind nichts unversucht lassen, sie wieder zusammenzubringen. Es wird Gespräche suchen – mit beiden oder mit jedem Elternteil getrennt. Es wird betteln, ob sie sich nicht doch noch vertragen können, damit die Familie wieder zusammenkommt. Wenn diese verbale Überzeugungsarbeit nichts nützt, fängt das Kind oft unbewusst an, durch rüdes Benehmen zu manipulieren, um die Aufmerksamkeit der Eltern auf sich zu lenken. Das ältere Kind will dann herausfinden, wie sehr die Eltern noch an ihm interessiert sind, und so beginnt es, Drogen zu nehmen, Ladendiebstähle und Sachbeschädigungen zu begehen, sich in sexuelle Abenteuer zu stürzen oder es versucht gar einen Selbstmord.

Noch mehr Wut
Nach den vergeblichen Versuchen, etwas durch Verhandlungen zu erreichen, nimmt der Frust meist noch zu. Dieser setzt sich in den Herzen der betroffenen Kinder fest und mindestens ein ganzes Jahr lang werden sie es mit Schuldgefühlen, Zorn, Angst und Verunsicherung zu tun haben. Die Energie, die dafür gebraucht wird, steht für andere Bereiche des Lebens nun nicht mehr zur Verfügung, sodass die Zensuren absacken, das Sozialverhalten in der Gruppe leidet und der Respekt vor Erwachsenen abnimmt. Das alles aber führt zu Vereinsamung. Und ausgerechnet unter diesen ungünstigen Umständen muss der alleinstehende Vater oder die alleinerziehende Mutter genug Liebe für das Kind erübrigen und gleichzeitig versuchen, halbwegs normale Lebensumstände zu Hause aufrechtzuerhalten. Das ist beileibe keine leichte Aufgabe.

GEMEINSAMES LESEN UND LANGE GESPRÄCHE HELFEN

Ein weiteres Problem der Kinder, die von Verlust und Trauer übermannt werden, ist ihr zeitweiliges Unvermögen, klar zu denken und sich auf Dinge zu konzentrieren.

Versuchen Sie es mit Vorlesen. Das fördert die Konzentration und lenkt ab.

Es ordnet die Gedanken und ermöglicht es dem Kind, ruhiger über seine Situation nachzudenken. Suchen Sie dafür ein gutes Buch aus, das dem Alter des Kindes entspricht. Solche Zeiten der Zweisamkeit dienen dem Aufbau eines neuen Vertrauensverhältnisses sehr. Viele nette Geschichten haben nebenbei noch einen hohen erzieherischen Wert.

Wenn Sie vorlesen, sollten Sie immer die Reaktionen Ihres Kindes im Auge behalten. Fragen Sie nach, ob es alles versteht und was es gerade denkt. Das gibt Ihnen die Gelegenheit, mit dem Kind auf seinem Niveau ins Gespräch zu kommen. Sollten Sie gerade von einem Kind oder Tier lesen, das sich verlaufen hat, und Ihre Tochter äußert ihr Mitgefühl, dann ist dies eine gute Gelegenheit, sie für ihre positive Einstellung zu loben. Sie können darüber reden, was man fühlt, wenn man sich verläuft oder wenn man einen lieben Menschen aus den Augen verliert.

Gespräche über solche Themen sind

wichtig, um Kindern zu helfen, über den Drang hinwegzukommen, bei sich selbst und bei anderen für die eigene Misere den Schuldigen zu suchen. Kinder schieben die Schuld für alles Mögliche ohnehin gern anderen in die Schuhe: „Das ist gemein. Sie hat angefangen!“ Wer kennt diese Sätze nicht?

! Mit Wut im Bauch kann man nicht richtig denken.

Doch wenn man eine ruhige Atmosphäre schafft, kann man die verschiedenen Aspekte einer Situation viel besser erklären und die unterschiedlichen Standpunkte deutlich machen. Das aber bedeutet einen Zuwachs an Toleranz.

Sie können noch etwas tun beim Vorlesen. Unterbrechen Sie eine Geschichte und lassen Sie Ihr Kind das Ende aus eigener Fantasie erzählen. Dadurch erfahren Sie einiges darüber, was in Ihrem Kind vorgeht – jedenfalls viel mehr, als es selber im Klartext zu formulieren in der Lage ist.

FREMDE HILFE

Kein Vater und keine Mutter kann allein das Bedürfnis des eigenen Kindes nach Liebe stillen.

Wie wir ja schon erwähnten, kann es sogar vorkommen, dass Kinder die Liebe beider Eltern eine Zeit lang zurückweisen. Sie sind so sehr verletzt und so voller Zorn, dass sie sich nicht mehr vorstellen können, geliebt zu werden. In solchen Fällen können Großeltern, andere Familienmitglieder und Freunde aus Gemeinde und Nachbarschaft die Lücke schließen.

Wenn Sie alleinerziehende Mutter sind, sollten Sie mit der Bitte um Unterstützung nicht warten, bis man Sie anspricht. So manch einer würde Ihnen vielleicht schon lange zur Seite stehen, doch er möchte nicht aufdringlich wirken und von sich aus ein Angebot machen. Andere bekommen unter Umständen gar nicht mit, in welcher prekären Lage Sie sich befinden. Wenn Sie und Ihre Kinder Hilfe brauchen, sollten Sie sich nach sozialen Einrichtungen an Ihrem Wohnort erkundigen.

Der Kontakt zu Angehörigen ist immer wichtig, doch er erlangt besondere

Bedeutung, wenn Kinder den Verlust eines Elternteils zu verkraften haben. Z. B. die in der Nähe wohnenden Großeltern können ihren Enkeln auf vielfältige Weise während der Woche zur Seite stehen. Ihr Einsatz ist für den Alleinerziehenden eine große Hilfe. Großeltern können morgens dafür sorgen, dass die Kinder pünktlich zur Schule kommen. Sie können die Enkel von der Schule abholen, mit ihnen den Arzttermin wahrnehmen oder sie zu den nachmittäglichen Freizeitaktivitäten bringen.

Es gibt immer wieder Menschen, die glücklich wären, einem alleinerziehenden Elternteil unter die Arme zu greifen, wenn sie wüssten, dass ihre Hilfe gebraucht wird. Sie möchten das Gefühl haben, noch gebraucht zu werden. Und Sie als Vater oder Mutter brauchen doch Hilfe. Das einzige Problem ist, dass Sie voneinander erfahren müssen. Die Gemeinde kann da gute Dienste leisten. Manche Gemeinden sind in diesem Bereich sehr aktiv. Wenn es Ihnen peinlich ist, Ihre Not vor anderen auszubreiten, dann denken Sie doch daran, dass Sie es nicht in erster Linie für sich selber tun, sondern für das Wohl Ihrer Kinder.

ALLEINERZIEHENDE ELTERN UND DIE LIEBESSPRACHEN

Durch das Trauma der getrennt lebenden Eltern ist der Liebestank eines Kindes schwer beschädigt.

Zur Reparatur werden Sie viele Stunden mit Ihrem Kind reden müssen. Sie müssen aufmerksam zuhören und die durcheinandergeratenen Gefühle ordnen. Jemand muss die Seele des betroffenen Kindes in der Zeit des Trauerns hegen und pflegen, damit es überhaupt noch einmal das Gefühl bekommen kann, geliebt zu werden. Diese Reparatur des emotionalen Tanks ist ein Liebesdienst an Ihrem Kind.

So lässt sich der beschädigte Liebestank eines Kindes wieder reparieren:

1. dem Kind viel zuhören
2. eher wenig reden
3. das Kind mit der Realität versöhnen
4. den Schmerz des Kindes annehmen
5. sich mit dem Leid des Kindes solidarisieren

Die wichtigste Maßnahme ist und bleibt natürlich, den Liebestank unter Zuhilfenahme der fünf Liebessprachen immer wieder zu füllen. Die persönliche Sprache der Liebe Ihres Kindes wird sich durch die Trennung seiner Eltern kaum verändert haben. Wenn Sie sie noch nicht kennen, sollten Sie jetzt versuchen, sie herauszubekommen, und dann allen Bezugspersonen Ihres Kindes davon erzählen. Andernfalls reden alle diese Personen immer nur in der eigenen Liebessprache. Das kann zwar auch hilfreich sein, doch ihre Bemühungen werden wesentlich wirkungsvoller, wenn auch sie die Liebessprache Ihres Kindes kennen und anwenden.

In den ersten Wochen nach der Trennung sind diese anderen Bezugspersonen möglicherweise die Einzigen, die durch ihre Liebe Zugang zu dem Kind bekommen. Ein Kind, dessen Muttersprache der Liebe Geschenke sind, ist durchaus in der Lage, der kürzlich geschiedenen Mutter die neue Puppe an den Kopf zu werfen. Ärgern Sie sich

darüber nicht, sondern denken Sie daran, dass solch ein Verhalten zur Trauerarbeit Ihres Kindes gehört. Sobald sich das Kind mit der Situation abzufinden beginnt und langsam begreift, dass die Ehe der Eltern nicht zu retten ist, wird es auch wieder die emotionale Bereitschaft bekommen, Liebe von beiden Eltern anzunehmen.

Wenn Kinder in solchen kritischen Phasen genügend Liebe bekommen, überstehen sie das Leid einer Scheidung meist verhältnismäßig gut und sie führen später als Erwachsene ein völlig normales Leben.

!

PRAXISBEISPIEL

Ein Beispiel hierfür ist Bob Kobrebush, der Leiter des *Christian Camping International*. Bobs Vater betätigte sich als erfolgreicher Geschäftsmann und seine Mutter war Hausfrau. Als Bob noch klein war, gab der Vater sein Geschäft auf und trat einer obskuren Sekte bei. Die Folge war, dass er mit seiner Frau und den fünf Söhnen mehrmals umzog. Als der Vater dann Kinderlähmung bekam und an den Rollstuhl gefesselt war, kehrte die Familie in ihre Heimat zurück. Dort lebte auch die restliche Verwandtschaft. Als Bob neun war, ließen sich seine Eltern scheiden.

Ungefähr zu dieser Zeit bekamen Bob und seine Brüder Kontakt zu christlichen Kreisen und sie alle nahmen Jesus Christus als ihren Herrn und Heiland an. Ohne Möglichkeit, ihren Lebensunterhalt zu verdienen, war Bobs Mutter auf Sozialhilfe angewiesen, bis es ihr gelang, sich durch Gelegenheitsarbeit über Wasser zu halten. Sie begann sogar noch zu studieren und wurde Lehrerin.

Bob und seine Brüder sind heute alle glücklich verheiratet. Sie haben eine gute Schulbildung genossen und sind fleißig in ihren Berufen. Bob erzählt: „Unsere Mutter hat immer das Lebenswichtige an die erste Stelle gestellt. Sie hat sich von den negativen Umständen niemals unterkriegen lassen und uns immer das Gefühl gegeben, wir seien trotz allem eine ganz normale Familie. Mir war oft gar nicht bewusst, dass wir es im Grunde ja nicht waren. Ich weiß nicht, was aus uns ohne die gläubige Mutter und unsere Verwandtschaft geworden wäre. Sie alle haben uns praktisch vorgelebt, was es heißt, ein Christ zu sein. Ich danke Gott für meine Familie und meine Mutter, die sich ganz allein durchgeschlagen hat."

Archibald Hart, Professor für Psychologie am West Coast Seminary, führt es auf den Beistand der Familie und die Hilfe Gottes zurück, dass er auch ohne Vater sein Leben in den Griff bekommen hat. Die Familie lebte in Südafrika, zerbrach aber nach mehreren Jahren, in denen es immer wieder zu schweren Krisen gekommen war. Archibalds Mutter schien nach der Scheidung zunächst ausgesprochen erleichtert zu sein. Aber finanzielle Sorgen zwangen sie, Archibald und seinen Bruder bei den Großeltern aufwachsen zu lassen. Diese waren gläubige Christen und übten einen entsprechend positiven Einfluss auf die Kinder aus. Ihr Leitspruch war: „Es gibt nichts, was du nicht erreichen kannst."

Harts Rat an alleinerziehende Eltern lautet deshalb:

> „Es gibt nichts, was man nicht ändern könnte."

Wenn Sie keinen Kreis von Personen haben, der Sie unterstützt, dann bauen Sie sich einen auf. Sie werden sich über die Resonanz wundern, wenn Sie den Anfang machen.

> „Ihre Kinder werden lebenstüchtiger, produktiver und kreativer, wenn sie die Zuneigung vieler Menschen spüren. Aber ein Leben ganz ohne Schwierigkeiten ist auch nicht gut für die Seele."

Geben Sie die Hoffnung niemals auf und halten Sie fest an dem, was Sie sich für Ihre Kinder erträumen. Auch wenn die Umstände im Augenblick noch so widrig sind, gibt es immer wieder einen neuen Morgen. Wenn Sie und Ihre Kinder den Verlust für Ihre Familie Schritt für Schritt überwinden, werden Sie merken, dass Ihr Einsatz sich lohnt. Und wenn solch ein Wachstumsprozess erst einmal in Gang gekommen ist, fällt es immer leichter, in Bewegung zu bleiben.

AUCH ELTERN BRAUCHEN LIEBE

Bisher haben wir fast ausschließlich über das Kind gesprochen, dessen Eltern sich haben scheiden lassen. Doch wir sind uns durchaus bewusst, auch die alleingelassene Mutter oder der alleinerziehende Vater ist ein Wesen mit Bedürfnissen. Das Kind erlebt Zorn, Angst, Schuldgefühle und Verunsicherung, die Eltern aber auch. Das Verlangen, geliebt zu werden, ist nach einer Trennung ja nicht weniger geworden. Eher trifft das Gegenteil zu. Weil aber dieses Bedürfnis vom ehemaligen Lebenspartner und auch für eine gewisse Zeit vom eigenen Kind nicht mehr gestillt wird, beginnt der zurückgebliebene Partner, sich wieder verstärkt seinem Freundeskreis zuzuwenden. Das ist eine gute Möglichkeit, sich den eigenen Liebestank wieder füllen zu lassen.

Vorsicht ist aber geboten, wenn Sie neue Freunde suchen. Der Vater ohne Ehefrau und die Mutter ohne Ehemann sind besonders anfällig für Avancen des anderen Geschlechts. Bestimmte Leute versuchen immer wieder, solche Notlagen auszunutzen. Weil der verlassene Partner eine große Sehnsucht nach Liebe hat, ist die Gefahr groß, an nicht vertrauenswürdige Personen zu geraten, die nur darauf aus sind, andere sexuell, finanziell oder emotional auszubeuten. Es ist deshalb ganz wichtig, dass sich der Alleinstehende seine Freunde mit großer Sorgfalt aussucht. Am sichersten ist man noch bei Freunden, die über Jahre persönliche Kontakte zur Familie hatten. Wer in dieser Situation kopflos reagiert und verantwortungslos handelt, der kommt vom Regen in die Traufe.

Doch auch Ihre Kinder werden eines Tages wieder zu einer Quelle der Liebe. Selbst wenn es anfangs nicht so aussehen mag, so haben Sie dennoch ihre Zuneigung und werden von ihnen geliebt.

Das größte Geschenk, das Sie Ihren Kindern machen können, ist Ihre eigene emotionale, körperliche und geistige Gesundheit.

Auch wenn Sie es sich nur ungern eingestehen – Sie müssen damit rechnen, eine Reihe von Jahren ganz allein die Verantwortung für Ihre Kinder zu tragen. Während dieser Zeit sollten Sie ihnen ein Vorbild an Verantwortungsbewusstsein und Aufrichtigkeit sein, damit sie auf dem Weg ins Leben gut vorankommen.

Anmerkungen

[1] Judith Wallerstein und Sandra Blakeslee, Second Chance (New York, 1990).

Nachwort

CHANCEN

Wenn Sie die Muttersprache der Liebe Ihres Kindes kennengelernt haben und sie auch anwenden, werden – davon sind wir überzeugt – die Familienbande gestärkt; und das geschieht auch zum Nutzen Ihrer Kinder. Wie wir schon in Kapitel 1 erwähnten, sind die Liebessprachen keine Allheilmittel, die alle Probleme beseitigen.

!

Die fünf Sprachen der Liebe stabilisieren das Familienleben und machen aus Ihren Kindern optimistischere Menschen.

Und damit wächst ihre Chance, ein glückliches Leben zu führen.

Möglicherweise haben Sie dennoch Bedenken und Zweifel, wenn Sie nun anfangen, die fünf Sprachen der Liebe zu suchen und anzuwenden. Sie kennen Ihre eigene Vergangenheit und hegen

Zweifel an Ihren Fähigkeiten. Aber diese Erkenntnis bietet auch die Chance, sich ändern zu können. Wir wollen einmal schauen, was Sie trotz Ihrer Zweifel und Bedenken alles zum Positiven wenden können.

Sie glauben vielleicht, die idealen Leser dieses Buches sind junge Ehepaare, die gerade dabei sind, eine Familie zu gründen. Sie haben noch keine Kinder oder nur ganz kleine. Wir erwarten jedoch, dass viele unserer Leserinnen und Leser bereits größere, wenn nicht gar erwachsene Kinder haben. Und diese Eltern denken vielleicht: „Hätte ich dieses Buch doch bloß früher gelesen. Es kommt wohl ein bisschen zu spät für uns." Viele Eltern schauen auf die Jahre zurück, die sie damit verbracht haben, aus ihren Kindern reife, erwachsene Menschen zu machen. Und sie erkennen, dass ihnen das gar nicht so gut gelungen ist. Sie haben die emotionalen Bedürfnisse ihrer Kinder viel zu wenig beachtet.

Vielleicht gehören Sie auch zu den Eltern, die mit Bedauern zurückschauen und sich fragen, was eigentlich alles schiefgelaufen ist. Es könnte sein, dass die Arbeit Sie gerade in den kritischen Jahren der kindlichen Entwicklung von zu Hause ferngehalten hat. Oder es war Ihre eigene chaotische Kindheit und Jugend, durch die Sie völlig unvorbereitet die Elternrolle übernehmen mussten. Vielleicht haben Sie Ihr Leben lang mit einem leeren Liebestank auskommen müssen, sodass Sie es niemals gelernt haben, Liebe an andere auszuteilen.

Auch wenn Sie seit damals viel dazugelernt haben, kommen Sie vielleicht zu dem Schluss: „Was geschehen ist, ist geschehen. Da kann man heute nicht mehr viel ändern." Wir möchten Ihnen zeigen, dass Sie dennoch Chancen für einen Neuanfang haben.

> Das Großartige an zwischenmenschlichen Beziehungen ist ja, dass sie nicht statisch sind, sondern entwicklungsfähig. Wir haben also jederzeit die Möglichkeit, sie zu verbessern.

Das Verhältnis zu Ihrem fast oder ganz erwachsenen Kind verlangt vielleicht, Mauern einzureißen oder Brücken zu bauen. Das ist meist schwere Arbeit, die sich aber immer lohnt. Vielleicht ist es an der Zeit, auch Ihren Kindern einzugestehen, was Sie sich selber schon lange eingestanden haben – dass es Ihnen nicht allzu gut gelungen ist, ihnen Ihre Liebe zu zeigen. Wenn sie noch zu Hause oder wenigstens in der Nähe wohnen, können Sie dies von Angesicht zu Angesicht tun und sich dabei in die Augen schauen. Andernfalls müssen Sie einen Brief schreiben, um Ihr Bedauern und die Hoffnung auf eine bessere Beziehung zum Ausdruck zu bringen.

> Vergangenes können Sie zwar nicht ungeschehen machen, aber Sie können die Zukunft neu gestalten.

!

Es könnte ja sein, dass Sie nicht nur mit Ihrer Liebe geizig umgegangen sind, sondern Ihre Kinder auch noch misshandelt haben – seelisch, körperlich oder sexuell. Vielleicht waren Alkohol und Drogen die Auslöser Ihrer Schandtaten oder eigenes Missgeschick und Unreife haben Sie zu willfährigen Opfern Ihres Zorns werden lassen. So groß aber Ihre Verfehlungen auch waren, es ist nie zu spät, vorhandene Mauern einzureißen. Brücken kann man erst bauen, wenn zuvor die Mauern gefallen sind. (Sollten Sie Ihr Kind immer noch missbrauchen oder misshandeln, dann brauchen Sie allerdings einen ausgebildeten Seelsorger oder Therapeuten, um diese zerstörerischen Verhaltensmuster loszuwerden.)

Das Beste, was Sie im Fall vergangener Verfehlungen tun können, ist, sie zu bekennen und um Vergebung zu bitten. Genauso wenig, wie Sie die Taten selbst ungeschehen machen können, können Sie die Folgen aus der Welt schaffen. Aber Sie können durch das Bekenntnis und die Chance, Vergebung zu erlangen, eine seelische und geistliche Reinigung erreichen. Auch wenn die Kinder ihre Vergebung nicht deutlich aussprechen, wird ihnen die Tatsache Respekt abverlangen, dass Sie als Vater oder Mutter die Reife besessen haben, Ihre Verfehlungen einzugestehen. Und zu gegebener Zeit sind Ihre Kinder dann vielleicht doch offener für Ihre Bemühungen, Brücken zu bauen. Wer weiß, vielleicht kommt bald der Tag, an dem die jungen Leute wieder bereit sind, engere Beziehungen zu Ihnen zu knüpfen.

Auch wenn Sie sich als Vater oder Mutter nicht so verhalten haben, wie es hätte sein sollen, können Sie auch jetzt noch anfangen, Ihre Kinder so zu lieben, dass sie sich von Ihnen geschätzt und anerkannt fühlen. Und sollten auch sie bereits Kinder haben, bekommen Sie damit zudem die Chance, auf die nächste Generation von jungen Menschen positiv Einfluss zu nehmen.

!

Mit einem vollen Liebestank werden auch Ihre Enkelkinder intellektuell, sozial und geistig viel wacher und aufnahmefähiger sein.

Wenn Kinder sich wirklich geliebt fühlen, sieht ihre Welt gleich viel heller aus. Sie haben mehr Selbstvertrauen und damit viel größere Chancen, sich optimal zu entfalten.

Ich (Gary Chapman) träume von dem Tag, wenn alle Kinder in Familien aufwachsen, in denen Liebe und Geborgenheit herrschen. In solchen Familien werden ihre sich entfaltenden Kräfte in positive Bahnen gelenkt. Und so lernen sie es, sich für andere einzusetzen, anstatt ein Leben damit zu verbringen, der Liebe nachzujagen, die sie zu Hause nicht bekommen haben. Es ist mein Wunsch, dass dieses Buch dazu beitragen möge, meinen Traum für möglichst viele Kinder Wahrheit werden zu lassen.

Gary Chapman hat von der emotionalen und geistlichen Reinigung durch Vergebung gesprochen. Ich möchte Ihnen deshalb ans Herz legen, wieder mehr die geistliche Dimension der Kindererziehung zu sehen. Die wichtigste Quelle der Ermutigung, die ich für meine Erziehungsbemühungen gefunden habe, sind die Verheißungen Gottes. Meine Frau Pat und ich mussten viele Schluchten auf schwankenden Brücken überqueren. Dazu gehörte die Geburt unserer behinderten Tochter. Aber wir können Ihnen berichten, dass Gott im-

mer in der Nähe war, bereit, uns seine helfende Hand zu reichen und seine wunderbaren Verheißungen einzulösen. Meine Lieblingsverheißungen für Eltern stehen in Psalm 37,25-26:

Ich war jung und bin auch alt geworden,
doch nie sah ich einen Gerechten verlassen,
noch seine Nachkommen um Brot betteln;
alle Tage ist er gütig und leiht gerne
und seine Nachkommen werden zum Segen.

Viele Jahre lang haben mir diese Verse Halt gegeben. Und ich habe in zahllosen Situationen Bestätigung für ihre Aussagen gefunden. Kinder, die durch gläubige Eltern unter dem Segen Gottes aufwachsen, haben auch die besseren Chancen, wirklich reife Menschen zu werden. Ich selber habe erlebt, dass Gott zu seinen Verheißungen steht, denn er hat meine Kinder gesegnet. Pat und ich sind durch so manches finstere Tal gewandert, wo wir große Mühe hatten, unseren Weg zu erkennen. Aber immer ist Gott zu uns hinabgestiegen und hat uns den Weg nach draußen gewiesen.

Ich möchte Ihnen Mut machen, wenn Sie gerade Kinder erziehen.

!

Es gibt kein Tal, aus dem Gott Sie nicht hinausführen könnte.

Er steht Ihnen immer zur Seite und weist Ihnen den Weg auch aus Situationen, die noch so ausweglos erscheinen. Wenn Sie gerade dabei sind, Ihre Kinder auf den Weg ins Leben zu bringen, haben Sie viele Gelegenheiten, sie für die geistlichen Dinge zu sensibilisieren. Und Sie selber werden zudem auch noch davon profitieren.

Der Prophet Jesaja, der im Alten Testament das Wort Gottes verkündigte, schreibt:

Fürchte dich nicht, denn ich bin mit dir!
Habe keine Angst, denn ich bin dein Gott!
Ich stärke dich, ja, ich helfe dir,
ja, ich halte dich mit der Rechten
meiner Gerechtigkeit (Jesaja 41,10).

Solch ein Vers kann Sie durch schwere Zeiten im Leben begleiten, auch wenn es mit den Kindern zu Krisen kommt. Er hat jedenfalls meiner Frau Pat und mir viel Trost gegeben. Ohne Gottes Beistand und ohne seine Verheißungen wäre auch unsere Familiengeschichte ganz anders verlaufen.

Der Psalmist nennt Kinder eine Gabe Gottes, ein Erbe und eine Belohnung (Psalm 127,3). Kinder sind tatsächlich ein großartiges Geschenk. Wenn sie Gott so viel bedeuten, dann uns Eltern doch bestimmt auch!

Als frisch gebackener Ehemann und Vater fühlte ich mich noch furchtbar unsicher in meiner Rolle und ich machte mir viele Gedanken. Doch dann begriff ich eines Tages, dass es gar nicht so schwierig ist, den Anforderungen dieser Aufgabe gerecht zu werden, wenn man nur genug darauf achtet, was die Kinder wirklich brauchen. Die frohe Botschaft, die ich diesbezüglich für Sie habe, ist, dass die meisten Eltern, die sich ein wenig Mühe geben, das auch fertigbringen.

Denken Sie doch einmal darüber nach, was für Eigenschaften eine gute Mutter bzw. ein guter Vater haben sollte. Setzen Sie sich jedoch nicht unter Druck, wenn Ihnen Dinge einfallen, die Sie selber noch nicht fertigbringen. Es soll Ihnen zuallererst darum gehen, eine Art Bestandsaufnahme für Ihre Rolle als Vater oder Mutter zu machen. Seien Sie also ganz entspannt und freuen Sie sich an Ihren Kindern.

Die meisten Eigenschaften, die Eltern mitbringen sollten, sind in diesem Buch bereits genannt worden. Wenn Sie eine Liste davon erstellen wollen, gebe ich Ihnen hier eine kleine Hilfestellung, indem ich einige Punkte vorschlage. Meine Liste ist längst nicht vollständig und sie wird erst zu Ihrer Liste, wenn Sie Ihre eigenen Gedanken und Vorstellungen einfließen lassen. Hier nun meine Liste der Eigenschaften, die einen guten Vater und eine gute Mutter ausmachen:

1. Ich sorge dafür, dass der Liebestank meines Kindes immer gefüllt ist, indem ich mich der fünf Sprachen der Liebe bediene.
2. Ich bemühe mich, das Verhalten meines Kindes möglichst mit positiven Maßnahmen zu beeinflussen. Deshalb beginne ich immer mit einer Bitte, bevor ich Befehle ausspreche und Strafen verhänge.
3. Ich lasse mich bei jeder Erziehungsmaßnahme von der Liebe leiten. Deshalb frage ich zuallererst: *Was braucht dieses Kind im Augenblick?* Davon lasse ich mein weiteres Vorgehen bestimmen.
4. Ich bemühe mich, meinen eigenen Zorn in vernünftige Bahnen zu lenken und nicht meine Wut an meinen Kindern auszulassen. Ich will freundlich, aber konsequent sein.
5. Ich bemühe mich, meinem Kind zu zeigen und vorzuleben, wie man als reifer Mensch seine Wut zähmt. Das sollte es spätestens mit 17 oder 18 Jahren gelernt haben.

Ich hoffe, dass Sie Ihre eigene Liste bald anfertigen. Denn dabei werden Sie feststellen, dass das alles gar nicht so schwierig und unüberschaubar ist. So können Sie zuversichtlicher ans Werk gehen und immer mehr Freude an Ihren Kindern haben, die jeden Tag mehr an Selbstvertrauen gewinnen.

Workshop

FÜR DIE FÜNF SPRACHEN DER LIEBE
VON JAMES S. BELL, JR.

Zu diesem Workshop gehören Projekte und Übungen, die Ihnen helfen sollen, die fünf Sprachen der Liebe in der Praxis anzuwenden. Es werden Ihnen auch Fragen gestellt, wieweit Ihnen die Grundgedanken dieses Buches geläufig geworden sind. Diesen Übungsteil können Sie zwar auch allein durcharbeiten, aber besser ist es, den Partner mit einzubeziehen. Das Material kann auch als Grundlage für Gruppenarbeit verwendet werden. Deshalb haben wir wiederholt den Abschnitt „Zur Diskussion in der Gruppe" eingefügt. Er soll helfen, das Gespräch mit anderen Eltern in Gang zu bringen. So wie es Zeit kostet, die Liebessprache Ihres Kindes herauszufinden und zu erlernen, so müssen Sie auch für die folgenden Übungen etwas Zeit opfern. Es ist die Mühe wert!

1. DIE LIEBE IST DAS FUNDAMENT FÜR ALLES

Versuchen Sie sich an Situationen zu erinnern, in denen Sie ganz besonders viel Liebe für Ihr Kind empfunden und dies auch zum Ausdruck gebracht haben. Kam dieses Gefühl eher spontan, ohne konkreten Anlass, oder gab es doch meistens einen konkreten Grund, eine gute Leistung oder weil Ihnen eine besonders positive Eigenschaft Ihres Kindes gerade aufgefallen war?

Gab es in letzter Zeit Situationen, in denen Sie ganz bewusst mit Liebesbekundungen zurückhaltend waren? Geschah das, weil Ihr Kind gerade nicht Ihren Erwartungen entsprach? Wenn das der Fall war, sollten Sie sich Möglichkeiten überlegen, wie Sie auf unerwünschtes Verhalten unmissverständlich reagieren, ohne Ihre bedingungslose Liebe zu verleugnen.

Der Liebestank Ihres Kindes soll eine Skala von null bis zehn haben. Nennen Sie den Füllstand, den dieser Tank normalerweise hat. Überlegen Sie einmal, was Sie noch hätten tun können, um den Füllstand höher zu halten. In der nächsten Woche sollten Sie sich konkret auf drei Dinge konzentrieren, die den Liebestank Ihres Kindes füllen.

Denken Sie zurück an Ihre Kindheit. Haben Sie schöne Erinnerungen? Was taten Ihre Eltern, um Ihr Selbstwertgefühl zu steigern? Was taten Sie, um Ihren Liebestank gefüllt zu halten? Welche schönen Erinnerungen werden Ihre Kinder als Erwachsene haben? Werden sie sich daran erinnern, bedingungslos geliebt worden zu sein?

Diskussion in der Gruppe

An Vorleistungen geknüpfte Liebe kann bei Ihrem Kind zu Verunsicherung, Ängsten, Mangel an Selbstvertrauen und Zorn führen. In welchem Maß sind bei Ihrem Kind Anzeichen dafür zu beobachten? Beginnen Sie darüber in der Gruppe ein offenes Gespräch. Auch die anderen sind keine perfekten Eltern und werden zugeben, dass sie zuweilen Bedingungen stellen. Überlegen Sie gemeinsam, wie Sie das ändern können.

2. SPRACHE DER LIEBE NUMMER 1: LOB UND ANERKENNUNG

Gab es Aussagen Ihrer Eltern über Sie, die dann später sogar in Erfüllung gegangen sind? Analysieren Sie, wie positive und negative Worte Ihr Leben als Erwachsener beeinflusst und geprägt haben – unabhängig davon, ob sie damals den Tatsachen entsprachen oder nicht.

Fragen Sie sich, ob Ihre Kinder ähnliche Erfahrungen mit Ihnen machen. Fällt Ihnen eine positive und eine negative Aussage von Ihnen ein, die deutliche Spuren im Verhalten Ihres Kindes hinterlassen haben? Wenn das der Fall ist, sollten Sie mit Ihrem Kind reden. Bekräftigen Sie, was Sie an positiven Dingen gesagt haben, und stellen Sie jedes negative Urteil richtig.

Oft empfinden wir sehr viel Liebe für unsere Kinder und wir glauben dann, sie würden das auch mitbekommen. Doch aus ihrer Perspektive ist nichts davon zu spüren. Jedes Mal, wenn Sie in der nächsten Woche spüren, wie lieb Sie Ihr Kind haben, sollten Sie dies so deutlich und unmissverständlich wie möglich zum Ausdruck bringen. Fragen Sie am Ende der Woche Ihre Kinder, ob sie deutlicher als zuvor gespürt haben, dass sie geliebt werden.

Es ist immer gut, wenn wir unserem Kind täglich sagen, dass wir es lieb haben. Doch damit diese eher kurzen Bekenntnisse nicht bald als leere Floskel verstanden werden, muss man ab und zu etwas ausführlicher darüber reden. Passen Sie eine günstige Gelegenheit ab und suchen Sie eventuell einen Ort auf, an dem sich Ihr Kind besonders wohlfühlt, um ihm in aller Ruhe die vielen Gründe zu nennen, warum Sie es lieben. Sprechen Sie dabei nicht in erster Linie über bestimmte Verhaltensweisen Ihres Kindes, sondern bekunden Sie ihm, dass Sie es um seiner selbst willen lieben.

Lob und anerkennende Worte sind stets ein starkes Ausdrucksmittel der Liebe. Immer wenn Sie irgendwo ein Lob hören oder durch irgendetwas ermutigt werden, sollten Sie das notieren. Nehmen Sie dann diese Anregungen und übertragen Sie sie auf die Ebene Ihres Kindes. Wenden Sie möglichst oft an, was Sie notiert haben. Versuchen Sie herauszubekommen, wofür Ihr Kind gelobt werden möchte und wo es Defizite gibt.

Wann hat ein Wutanfall all Ihre zuvor gesprochenen positiven Worte zunichte gemacht? Entschuldigen Sie sich bei Ihrem Kind für solche Wutausbrüche, die Ihre Beziehung belasten, auch wenn sie im einen oder anderen Fall einen berechtigten Anlass hatten.

Diskussion in der Gruppe

Der größte Feind eines Lobes ist der Zorn. Tragen Sie zusammen, welche Möglichkeiten es gibt, eine konsequente Erziehung ohne die zerstörerische Kraft ungezügelter Wut durchzuführen. Lassen Sie die Gruppenteilnehmer über ihre Erfolge und Niederlagen im Kampf mit der Wut berichten. Was lernen Sie aus den gemachten Erfahrungen?

3. SPRACHE DER LIEBE NUMMER 2: ZWEISAMKEIT – ZEIT NUR FÜR DICH

Wie viel Zweisamkeit haben Sie in der letzten Woche mit jedem Ihrer Kinder erlebt? Welche Bedürfnisse hat Ihr Kind, wenn Sie sich ihm mit ungeteilter Aufmerksamkeit widmen? Fragen Sie Ihre Kinder, was sie gern mit Ihnen zu zweit machen möchten und warum ihnen das so viel bedeuten würde.

Nehmen Sie sich fest vor, im nächsten Jahr mindestens zwei Stunden pro Woche mit jedem Ihrer Kinder allein zu verbringen. Das hört sich an, als würden Sie sich viel vornehmen, aber verdient Ihr Kind weniger? Versuchen Sie, einen regelmäßigen Termin für jedes Kind auszumachen – auch in der Woche. Zur Not müssen jedoch die Wochenenden dafür reichen.

Bevor Sie Zeit mit Ihrem Kind verbringen, sollten Sie sich Gedanken machen, worüber Sie sich unterhalten könnten – Hobbys, Fernsehsendungen, Zukunftspläne, Freundschaften, Gedanken über Gott und die Welt, Gefühle und Meinungen des Kindes und Ihre eigenen Gefühle. Dabei hilft, wenn Sie sich ab und zu ein paar Notizen machen, um bestimmte Bereiche nicht versehentlich zu vernachlässigen.

Die Tyrannei des dringenden Termins ist ein ernsthaftes Problem in unserer schnelllebigen Zeit. Schauen Sie sich einmal Ihren Terminkalender vom letzten Monat an. Welche ausgefallenen Termine haben Sie durch verhältnismäßig unwichtige Dinge ersetzt? Hätten Sie die nicht auch sehr gut mit Ihren Kindern verbringen können?

Wie könnten Sie Pflichten und Routinetätigkeiten so legen, dass Ihre Kinder dabei sein können, sodass sie auch dadurch noch lernen können? Gibt es Möglichkeiten, die Kinder bei ihren Routineaufgaben im Haus ein wenig aufzumuntern, indem Sie sich dabei mit ihnen unterhalten und ihnen interessante Dinge erzählen?

Diskussion in der Gruppe

Gerade während vertrauter Zwiegespräche kann man seine Erziehungsaufgabe ganz besonders wirkungsvoll erfüllen. Erzählen Sie in der Gruppe über Ihre diesbezüglichen Erfahrungen. Berichten Sie von Augenblicken größter Vertrautheit, in denen Sie ganz entspannt sein konnten und viel Spaß mit Ihrem Kind hatten.

Machen Sie sich klar, dass die Zeit mit Ihren Kindern kürzer ist, als Sie denken. Geben Sie sich gegenseitig Anregungen, was Sie im kommenden Jahr mit Ihrem Kind unternehmen könnten. Mindestens ein Highlight sollte für jedes Kind dabei sein.

Lassen Sie die Gruppenteilnehmer erzählen, welche Erfahrungen sie mit der besonderen Zeit für jedes Kind gemacht haben. Erzählen Sie aus Ihrer eigenen Kindheit. Was haben Ihre Eltern mit Ihnen gemacht? Was kann man davon übernehmen?

4. SPRACHE DER LIEBE NUMMER 3: GESCHENKE, DIE VON HERZEN KOMMEN

Wir alle freuen uns über ein Geschenk aus ganz verschiedenen Gründen: weil wir es gut gebrauchen können, weil das Gedenken uns erfreut oder weil wir dadurch erfahren, wie wertvoll wir für jemand sind. Gibt es Geschenke in Ihrem Leben, die dem Zahn der Zeit nicht zum Opfer gefallen sind? Fragen Sie sich, woran das jeweils gelegen hat. Welche Schlüsse ziehen Sie daraus? Was sagt das über Ihr Wesen aus?

Wie beeinflussen die Erfahrungen, die Sie in Ihrem Leben mit Geschenken gemacht haben, Ihr eigenes Verhalten? Prüfen Sie diesbezüglich Ihre Motive, wenn Sie Ihren Kindern etwas schenken. Glauben Sie, dass die Kinder Ihre Motive hierfür nachvollziehen können? Sprechen Sie mit jedem einzelnen Ihrer Kinder über das Schenken. Unterhalten Sie sich über Motive, Gefühle, Nutzen und Schaden.

Überlegen Sie, ob es in der Vergangenheit vorgekommen ist, dass Sie aus Berechnung geschenkt haben. Gab es Motive wie Bestechung oder Eitelkeit? Fassen Sie den Entschluss, in der Zukunft nur noch aus Liebe und ohne Hintergedanken zu schenken.

Gehen Sie einmal das Spielzeug für Ihre Kinder und die Geschenke an Ihre Teenager durch und ordnen Sie alles, was Ihnen einfällt, in folgende Kategorien ein:

- Geschenke, die einem guten Zweck dienen und nicht nur geschenkt wurden, „weil die anderen das auch haben“,
- Geschenke, die bald in die Ecke geworfen wurden, weil sie unter Gleichaltrigen nicht mehr „in“ sind,
- Geschenke, an deren Anfertigung und Gebrauch Sie beteiligt waren und sind.

Im kommenden Monat sollten Sie jedem Ihrer Kinder ohne konkreten Anlass ein Geschenk machen. Versuchen Sie herauszubekommen, ob Geschenke die Liebessprache eines Ihrer Kinder ist, indem Sie auf folgende Reaktionen achten: (1) freut sich an der Verpackung; (2) achtet auf alles, was bei der Übergabe zu dem Geschenk gesagt und getan wird; (3) gibt dem Geschenk einen Ehrenplatz im Zimmer und geht mit ihm sehr sorgsam um; (4) erzählt Ihnen oder Ihrem Ehepartner, wie wichtig ihm das Geschenk ist.

Diskussion in der Gruppe

Unterhalten Sie sich darüber, wie wir unseren Kindern vermitteln können, dass das ganze Leben ein Geschenk ist.

Diskutieren Sie darüber, wie wir bei unserem Wohlstand die Kinder so beschenken können, dass sie es selber lernen, ohne Berechnung zu schenken. Welche Geschenke – außer dem Leben selbst – können wir unseren Kindern machen, die wertvoll sind und dennoch nichts kosten?

5. SPRACHE DER LIEBE NUMMER 4: HILFSBEREITSCHAFT

Wenn Sie Ihrem Kind Dinge abnehmen, ihm helfen und ihm Gefälligkeiten erweisen, achten Sie darauf, dass Sie das auch dem Alter entsprechend tun? Machen Sie eine Bestandsaufnahme: Was tun Sie alles für Ihr Kind? Wann wäre es gegebenenfalls besser für das Kind, die Aufgaben ihm zu überlassen oder es bestimmte Dinge zu Ende bringen zu lassen? Würde es dadurch mehr lernen, Verantwortung zu übernehmen? Nehmen Sie sich die Zeit, bestimmte Fertigkeiten dem Kind beizubringen. Achten Sie dabei auf das Alter.

Wir alle helfen wohl nicht immer nur aus freudigem Herzen. Zeichnen Sie sich eine Skala mit den beiden Enden: „Erwarte sofort Gegenleistung“ und „Habe nie an eine Gegenleistung gedacht“. Markieren Sie die Skala von eins bis zehn. Wenn Sie jetzt an Ihre Gefälligkeiten in der Familie denken, wo würden Sie sie jeweils einordnen? Versuchen Sie, Gründe für die Positionierung auf der Skala zu finden.

Planen Sie mit Ihren Kindern, jemandem in Ihrer Nachbarschaft tatkräftig unter die Arme zu greifen, dem es schlechter geht als Ihnen (Angehörige sind ausgeschlossen). Achten Sie darauf, dass Ihr Kind eine aktive Rolle dabei einnimmt. Analysieren Sie hinterher gemeinsam, was dabei am meisten Freude gemacht hat und wie Sie alle davon profitiert haben.

Überlegen Sie, in welchen Bereichen es oft zu Auseinandersetzungen kommt, wenn Sie eins Ihrer Kinder zu bestimmten Gefälligkeiten und Hilfeleistungen auffordern. Oder sind Sie schon so fortgeschritten, dass eine einfache Bitte im Normalfall reicht? Warum? Warum nicht? Welche Einstellungen zu Arbeit und Dienst sind Ursache für die gegenwärtige Situation?

Diskussion in der Gruppe

Wir als Eltern sind ständig dabei, unseren Kindern zu helfen und ihnen unter die Arme zu greifen. Wie können wir noch besser ihre wahren Bedürfnisse kennenlernen und ihnen unter die Arme greifen: Hilfe so gestalten, dass sie noch deutlicher unsere Liebe zum Ausdruck bringt? Sprechen Sie in der Gruppe darüber, wie Sie

Hilfe und Gefälligkeiten zu Ausdrucksmitteln Ihrer Liebe machen können. Was lernen Sie aus den Erfahrungen der anderen?

6. SPRACHE DER LIEBE NUMMER 5: ZÄRTLICHKEIT

Welche Erfahrungen haben Sie in Ihrer Kindheit mit Körperkontakt und Zärtlichkeiten gemacht? Haben Ihre Eltern Sie in den Arm genommen und geküsst? Haben Sie regelmäßig „Streicheleinheiten" bekommen? Wie wirken sich diese Erfahrungen auf Ihr heutiges Leben aus?

Sie kennen nun den Inhalt dieses Kapitels. Würden Sie daraufhin sagen, dass Ihre Kinder genügend Streicheleinheiten bekommen? Sind Sie immer zärtlich, wenn Gelegenheit dazu ist?

Warum? Warum nicht?

Gibt es Wünsche Ihres Kindes, die eher versteckt auf ein Bedürfnis nach Körperkontakt hindeuten? Ein Ringkampf zwischen Vater und Sohn wirkt nicht sehr zärtlich. Warum kann er dennoch als Liebesbeweis verstanden werden? Wo liegen die Grenzen? Wann ist Körperkontakt schädlich?

Überlegen Sie gemeinsam mit Ihrem Partner, welche Möglichkeiten es außer Umarmungen und Küssen noch gibt, Körperkontakt zu Ihrem Kind herzustellen. In welchen Situationen könnten Sie die Möglichkeiten, die Sie herausgefunden haben, in die Tat umsetzen?

Intensivieren Sie in der kommenden Woche Ihre Bemühungen, Körperkontakt zu Ihrem Kind aufzunehmen. Passen Sie aber Ihr Verhalten dem Alter des Kindes und seinen individuellen Bedürfnissen an. Achten Sie auf die Reaktionen.

Diskussion in der Gruppe

Diskutieren Sie darüber, ob der Körperkontakt die persönliche Liebessprache Ihrer Kinder sein könnte. Wenn Sie selber zu dieser Erkenntnis gelangt sind, erklären Sie den anderen, wie Sie darauf gekommen sind. Sorgen Sie dafür, dass jeder in der Gruppe von seinen eigenen Erfahrungen aus der Kindheit berichten kann. Wie zärtlich ging es in den Familien zu? Welcher Mangel wurde empfunden? Was können Sie aus diesen Berichten lernen?

7. WELCHE MUTTERSPRACHE DER LIEBE SPRICHT IHR KIND?

Überlegen Sie, wie die Kinder Ihnen gegenüber Liebe zum Ausdruck bringen. Vergegenwärtigen Sie sich mindestens drei Ereignisse der jüngsten Vergangenheit. Welche Sprachen der Liebe sind da jeweils zum Vorschein gekommen?

Beobachten Sie, wie die Kinder ihre Zuneigung Geschwistern, Freunden, Lehrern, Großeltern usw. zeigen. Wie unterscheiden sich die jeweiligen Ausdrucksformen zu der Art, wie das Kind Ihnen als Vater oder Mutter seine Liebe zeigt? Sollte es tatsächlich Unterschiede geben: Was könnte der Grund dafür sein?

Die Kinder kommen ständig mit irgendeiner Bitte zu uns. Versuchen Sie einmal, sich diese vorgetragenen Anliegen zu merken und den fünf Sprachen der Liebe zuzuordnen. Gibt es auffällige Häufungen bei einer bestimmten Liebessprache? Wie können Sie diese Sehnsucht des Herzens, die sich da abzeichnet, noch besser stillen?

Achten Sie darauf, worüber sich Ihr Kind beschwert. Wann drückt es seine Unzufriedenheit aus? Zeichnet sich dabei eine Tendenz ab? Was wünscht sich das Kind offenbar am sehnlichsten? Untersuchen Sie die Gründe, warum Sie das Ausmaß dieses Verlangens bisher noch nicht wahrgenommen haben. Wie könnten Sie in dem betreffenden Bereich den Liebestank Ihres Kindes noch effektiver füllen?

Gestatten Sie Ihrem Kind in den kommenden Monaten, sich für alternative Angebote zu entscheiden, die jeweils zwei Liebessprachen zum Hintergrund haben. Notieren Sie sich die Reaktionen. Überlegen Sie, welche Gründe die jeweilige Auswahl haben kann. Das sind deutliche Hinweise auf die persönliche Liebessprache Ihres Kindes.

Diskussion in der Gruppe

Welche einflussreichen Faktoren müssen Sie berücksichtigen, wenn Sie die Liebessprache Ihres Kindes suchen? Wie könnten Geschlecht, Alter, Temperament, bisherige Erziehung und geistliche bzw. intellektuelle Reife die Liebessprache eines Kindes beeinflussen? Besprechen Sie in der Runde, welche Bedeutung es hat, die Liebessprache Ihrer Kinder zu kennen. Berichten Sie über Ihre Erfahrungen.

8. STRAFEN UND DIE SPRACHEN DER LIEBE

Wer an Erziehung denkt, denkt meist auch gleich ans Strafen. Dabei gibt es viele positive Möglichkeiten, einem Kind Selbstdisziplin beizubringen. Versuchen Sie sich an Situationen zu erinnern, in denen Sie in jüngster Vergangenheit folgende Erziehungsmethoden eingesetzt haben: Gespräche mit einem konkreten Erziehungsziel, Verhaltensweisen vorleben, Belehrung und bewusstes Zulassen von Situationen zum Sammeln von Erfahrungen.

Wann war Ihr Kind in der letzten Zeit ungehorsam? Wieweit könnte sein Verhalten auf einen leeren Liebestank zurückzuführen sein? In welchen Bereichen könnte Ihr Kind Ihnen durch auffälliges Verhalten signalisieren, dass es Liebe braucht? Was könnten Sie dagegen tun?

Von den fünf Methoden, Ihr Kind zu erziehen, ist die Bitte immer noch die effektivste. Welche Vorzüge hat sie für beide Parteien? Welche Nachteile haben die nächsten Stufen – Ge- und Verbote, sanfter physischer Druck, Strafe, Einflussnahme durch Belohnung und Strafe? Diese Methoden sind manchmal nicht zu umgehen. Doch welche Nachteile haben sie für Ihr Kind?

Denken Sie sich eine Situation aus, in der sich Ihr Kind ungehörig benimmt. Schreiben Sie nun einen erdachten Dialog auf. Sie berücksichtigen dabei ganz bewusst die Liebessprache Ihres Kindes. Wie unterscheidet sich dieser Dialog mit tatsächlich von Ihnen geführten? Wie würde sich Ihr Kind anders verhalten, wenn seine Liebessprache in einem solchen Gespräch tatsächlich berücksichtigt werden würde?

Wiederholen Sie diese Übung. Doch diesmal berücksichtigen Sie die Liebessprache Ihres Kindes in dem Dialog bewusst nicht. (Sie drohen z. B. mit Stubenarrest, obwohl die Liebessprache des Kindes die Zuwendung ist.) Wie würde Ihr Kind reagieren? Und wie würde es wahrscheinlich die positiven Absichten, die Sie eigentlich verfolgen, hintertreiben?

Diskussion in der Gruppe

In der Erziehung neigen Eltern zu den beiden Extremen. Entweder sie sind zu streng oder zu nachgiebig, ohne sich dessen bewusst zu sein. Analysieren Sie die Vorbilder Ihres Erziehungsstils, indem Sie in der Gruppe folgende Fragen beantworten:

Wie haben meine Eltern mich erzogen – eher streng oder eher nachgiebig?

Welche Bücher habe ich gelesen, die meinen Erziehungsstil nachhaltig geprägt haben?

Welche Ratschläge habe ich von anderen Eltern bekommen, die meinen Erziehungsstil beeinflusst haben?

Besprechen Sie Ihre Antworten in der Gruppe. Überlegen Sie gemeinsam, welche Vor- und Nachteile eine zu strenge und eine zu nachgiebige Erziehung hat. Lassen Sie sich durch die Erfahrungen anderer dazu anregen, Ihre Kinder so gut wie irgend möglich zu erziehen.

9. LERNEIFER UND DIE SPRACHEN DER LIEBE

Was motiviert Ihr Kind am meisten, etwas zu lernen? Was blockiert den Lerneifer? Was fällt Ihrem Kind beim Lernen besonders schwer, was geht ihm leicht von der Hand?

Gibt es negative Erfahrungen und Erlebnisse, die für den gegenwärtigen Gemütszustand Ihres Kindes verantwortlich sind? Inwieweit bestimmt diese Gemütslage folgende Merkmale: Selbstwertgefühl; die Gewissheit, geborgen zu sein; die Fähigkeit, mit Stress und Veränderungen fertig zu werden; die Lernfähigkeit?

Sorgen Sie eigentlich dafür, dass durch ausreichende Kommunikation Ihr Kind immer das Gefühl haben kann, bei Ihnen sicher und geborgen zu sein, sodass es deshalb auch gut lernen kann? Interessieren Sie sich für die Schulnoten Ihres Kindes? Kann Ihr Kind dieses Interesse als motivierend empfinden oder eher als frustrierend? Auf welche neuen Gedanken hat Sie dieses Kapitel gebracht, wie Sie Ihr Kind im nächsten Schuljahr wirkungsvoller unterstützen können?

Fragen Sie Ihr Kind, ob es neben der Schule noch irgendetwas lernen möchte. Schreiben Sie alle Anregungen auf, die Sie beide haben. Und überlegen Sie, wie man sie in die Tat umsetzen könnte.

Könnte es sein, dass Sie sich zu sehr für die Hausaufgaben Ihres Kindes engagieren? Oder interessieren Sie sich zu wenig? Überlegen Sie, wie der goldene Mittelweg aussehen könnte – dass Sie zwar helfen und sich interessieren, aber die letzte Verantwortung dem Kind überlassen. Überlegen Sie sich bewusst, wie Sie sich in Zukunft in konkreten Situationen verhalten wollen.

Diskussion in der Gruppe

Ein emotional stabiles Kind hat die größten Lernerfolge. Diese Stabilität erreicht man dadurch, dass man den Liebestank seiner Kinder immer wieder füllt. Tragen Sie in der Gruppe zusammen, was Eltern tun könnten, um den Lerneifer der Kinder zu steigern, wenn deren Liebessprache die Hilfsbereitschaft ist. Überlegen Sie, wie das bei den anderen Liebessprachen aussieht. Machen Sie sich Notizen.

Worüber waren Sie in jüngster Vergangenheit berechtigt so wütend, dass Sie aktiv geworden sind? Wie ist es Ihnen gelungen, diesen Zorn vernünftig zu kanalisieren, sodass Sie ein positives Ergebnis erzielt haben? Worin besteht der Unterschied zwischen zerstörerischem und „egoistischem" Zorn?

Wie würden Sie sich einschätzen? Neigen Sie dazu, aus der Haut zu fahren? Können Sie sich beherrschen? Haben Sie einen Zusammenhang herstellen können zwischen Ihrem Verhalten und dem Verhalten Ihrer Kinder? Was könnten Sie tun, um sich selber besser beherrschen zu können und damit ein positiveres Vorbild für Ihre Kinder zu sein? Haben Sie das Gefühl, dabei versagt zu haben, Ihren Kindern einen vernünftigen Umgang mit dem Zorn beizubringen? Warum? Warum nicht?

Wenn wieder einmal besonders gute Stimmung zwischen Ihnen und Ihrem Kind herrscht, sollten Sie eine „Meckerstunde" anbieten. Das Kind soll alles offen sagen können, was es wütend und traurig macht, was es enttäuscht und ihm alle Hoffnung nimmt. Ermuntern Sie es, kein Blatt vor den Mund zu nehmen und allen Ärger rauszulassen. Versprechen Sie, dass Sie gemeinsam alle Probleme anpacken werden.

Diskussion in der Gruppe

Überlegen Sie gemeinsam, wie man Meinungsverschiedenheiten vernünftig überwindet. Was können Sie tun, um so weit wie möglich auf die Bedürfnisse und Wünsche Ihrer Kinder einzugehen, ohne die elterliche Autorität aufs Spiel zu setzen? Überlegen Sie, was man tun könnte, um die Gesprächsatmosphäre in den Familien zu fördern. Die Gruppenteilnehmer könnten erzählen, wie es ihnen gelungen ist (oder auch nicht), durch Besonnenheit die Atmosphäre im Haus zu verbessern.

11. ALLEINERZIEHENDE ELTERN UND DIE SPRACHEN DER LIEBE

Schreiben Sie alle Probleme auf, die Ihnen als Alleinstehende/r die Beziehung zu Ihren Kindern erschwert. Inwieweit haben diese Probleme Ihnen die Möglichkeit genommen, die persönliche Liebessprache Ihres Kindes zu sprechen? Was können Sie dagegen tun?

Inwieweit haben Sie beobachten können, dass Ihr Kind wegen der Abwesenheit des Vaters oder der Mutter von folgenden negativen Emotionen belastet worden ist: Angst, Zorn, Verunsicherung, Schuldzuweisungen, Illusionen, dass ein Elternteil wiederkommen könnte? Wie können Sie durch die Sprachen der Liebe den Schmerz lindern?

Kinder von alleinerziehenden Eltern bedürfen der besonderen Fürsorge und das bedeutet eine Mehrbelastung der Eltern in verschiedenen Bereichen. Überlegen Sie, wie Sie die Trauerarbeit Ihres Kindes unterstützen können, indem Sie noch öfter zuhören, sich mit dem Schmerz solidarisieren und das Ausleben von Gefühlen fördern.

Viele Kinder von alleinerziehenden Eltern kommen langfristig ganz gut mit dem Leben zurecht, obwohl das viel Engagement, Hingabe und eine positive Einstellung voraussetzt. Führen Sie und Ihre Kinder sich immer wieder vor Augen, was Sie in den schweren Jahren alles geleistet und geschafft haben. Wie können Sie noch besser Ihre gewonnene Stärke zur Entfaltung bringen? Nehmen Sie sich vor, auch noch die vorhandenen Problembereiche in Angriff zu nehmen.

Ihre Kinder brauchen Vorbilder und einen Ersatz für den verlorenen Elternteil. Wer von Ihren Angehörigen und Freunden könnte die Lücke im Leben Ihres Kindes füllen? Welche Anregungen aus diesem Kapitel könnten Ihnen helfen, eine Auswahl zu treffen, um die Person zu finden, die am geeignetsten ist?

Diskussion in der Gruppe

Sprechen Sie darüber, ob und wie Sie als Alleinerziehende/r mit Ihrem Bedürfnis nach Liebe und Annahme Gefahr laufen, von anderen ausgenutzt zu werden. Gibt es Erfahrungen, dass Vorgesetzte, Eltern, Freunde oder auch die eigenen Kinder Ihre Notlage ausnutzen? Was können Sie tun, um das zu verhindern?

Lassen Sie die Gruppenmitglieder berichten, wie sich der Gebrauch der fünf Liebessprachen positiv auf das Verhalten und die Einstellung ihrer Kinder ausgewirkt hat.

Weitere Buchtipps

Gary Chapman/Ross Campbell
Die 5 Sprachen der Liebe für Kinder – kompakt
ISBN 978-3-86827-614-5
64 Seiten, gebunden

Ihre ganze Liebe gilt Ihren Kindern. Aber sind Sie sich sicher, dass Ihre Kinder das auch spüren? Denn – was versteht Ihr Kind überhaupt unter Liebe? Lernen Sie mit diesem Ratgeber die Muttersprache der Liebe, die Ihr Kind spricht. Lernen Sie, es wirklich zu verstehen – weil ein gesundes Familienklima so wichtig ist!

Für alle, die kompakte Informationen schätzen, wird jede der fünf Liebessprachen kurz vorgestellt und durch eine Fülle origineller Cartoons hundertprozentig unverwechselbar gemacht.

Gary Chapman, Arlene Pellicane
Kinderzimmer 2.0
Erziehung im digitalen Zeitalter
ISBN 978-3-86827-533-9
278 Seiten, Paperback

Fernseher, DVD-Player, Computer, Tablet, Smartphone, Spielekonsole … Die Schar der flimmernden „Erzieher" unserer Kinder ist unüberschaubar. Wie gelingt es Eltern, Kinder im digitalen Zeitalter richtig zu begleiten?

Gary Chapman, Bestsellerautor und Familientherapeut, und Arlene Pellicane, Referentin und Mutter von drei Kindern, geben in diesem Ratgeber wertvolle Hinweise, wie Erziehung angesichts neuer Herausforderungen gelingen kann. Sie ermutigen dazu, Zeit in die Kinder zu investieren und Grenzen zu setzen, um sie zu selbstständigen, verantwortungsvollen Menschen zu erziehen.

Gary Chapman, Randy Southern
Die 5 Sprachen der Liebe für Familien
ISBN 978-3-86827-695-4
400 Seiten, Paperback

So wird Ihr Familienleben stabiler, ausgeglichener und herzlicher!

Bestseller-Autor Gary Chapman hat mit seinen Büchern schon vielen Menschen weitergeholfen. Übersichtlich und lebensnah zeigt er, worauf es ankommt, wenn Familienleben gelingen soll:

- Eine auf das Wohl aller bedachte Haltung der Eltern
- Nähe zwischen Mann und Frau
- Den Willen der Eltern, Maßstäbe zu setzen
- Kinder, die den Anweisungen ihrer Eltern vertrauen und sie achten
- Männer, die Verantwortung für die Familie übernehmen

Konkrete Beispiele und alltagsnahe Übungen garantieren, dass es nicht nur beim „Wissen, wie" bleibt, sondern dass Sie Empfehlungen auch umsetzen können.
Viele Tests für Paare und Eltern geben Ihnen zusätzliche Sicherheit und helfen, für Ihre Familie den richtigen Weg zu finden.